认识**数字化转型**

Digital Transformation
Survive and Thrive in an Era of Mass Extinction

〔美〕 托马斯·西贝尔（Thomas Siebel） 著

毕崇毅 译

图书在版编目（CIP）数据

认识数字化转型 /（美）托马斯·西贝尔（Thomas Siebel）著；毕崇毅译 . -- 北京：机械工业出版社，2021.5（2023.1 重印）

书名原文：Digital Transformation: Survive and Thrive in an Era of Mass Extinction

ISBN 978-7-111-68049-9

I. ①认… II. ①托… ②毕… III. ①企业管理-数字化-研究 IV. ①F272.7

中国版本图书馆 CIP 数据核字（2021）第 069213 号

北京市版权局著作权合同登记　图字：01-2021-1376 号。

Thomas Siebel. Digital Transformation: Survive and Thrive in an Era of Mass Extinction.

Copyright © 2019 by Thomas Siebel.

Simplified Chinese Translation Copyright © 2021 by China Machine Press. This edition is authorized for sale in the Chinese mainland (excluding Hong Kong SAR, Macao SAR and Taiwan).

No part of this book may be reproduced or transmitted in any form or by any means, electronic or mechanical, including photocopying, recording or any information storage and retrieval system, without permission, in writing, from the publisher.

All rights reserved.

本书中文简体字版由 RosettaBooks 授权机械工业出版社在中国大陆地区（不包括香港、澳门特别行政区及台湾地区）独家出版发行。未经出版者书面许可，不得以任何方式抄袭、复制或节录本书中的任何部分。

认识数字化转型

出版发行：机械工业出版社（北京市西城区百万庄大街 22 号　邮政编码：100037）

责任编辑：华　蕾　　　　　　　　　　　　责任校对：殷　虹

印　　刷：北京铭成印刷有限公司　　　　　版　　次：2023 年 1 月第 1 版第 6 次印刷

开　　本：170mm×230mm　1/16　　　　　印　　张：16

书　　号：ISBN 978-7-111-68049-9　　　　定　　价：69.00 元

客服电话：(010) 88361066　68326294

版权所有·侵权必究
封底无防伪标均为盗版

DIGITAL
TRANSFORMATION

赞誉

托马斯·西贝尔的这部作品为所有首席执行官和政府领导人敲响了警钟，提醒他们重视技术革新带来的威胁和机遇。这本书是企业和政府管理者的必读之作。

——美国前国防部长 罗伯特·盖茨

西贝尔在书中解释了商业进化加速的原因，引领读者进入实时数据分析预测的新时代。本书是企业管理者了解相关领域内容的首选之作。

——《福布斯》杂志出版人、未来主义者 里奇·卡尔加德

数字技术正在以惊人的速度改变着世界，在这部案例丰富、观点深刻的作品中，托马斯·西贝尔为管理者提供了正确引导组织所需的建议。

——普林斯顿大学校长 克里斯托弗·艾斯格鲁伯

面对云计算、大数据、物联网和人工智能等新技术的聚合，托马斯·西贝尔以行家里手的身份向读者介绍了未来可能出现的风险和机遇。无论对于政府部门还是私营机构，这本书都是决策者不可多得的前瞻性作品，它能有效帮助管理者应对数字化转型带来的各种挑战。

——麻省理工学院工程学院院长　阿南沙·钱德拉卡杉

托马斯·西贝尔在本书中详细介绍了人工智能、云计算、大数据和物联网等颠覆性创新技术如何推动国家、行业和企业实现重大变革。作者在书中为变革管理者提供了货真价实的行动建议。

——芝加哥大学校长　罗伯特·齐默

托马斯·西贝尔通过翔实的案例，从历史角度分析了数字化转型的重要意义。本书文笔朴实生动，即使对商业和技术领域不甚了解的读者也能轻松阅读。简而言之，本书是一本不可多得的预测未来趋势的佳作。

——卡内基–梅隆大学计算机系助理教授　齐科·科特勒

托马斯·西贝尔在书中对新一代信息技术进行了深入浅出的介绍，对这些技术给企业和政府带来的颠覆性影响进行了清晰准确的描述。可以说，本书为未来的企业和政府管理者正确应对时代挑战提供了明确的行动路线图。

——耶鲁大学第 22 任校长　理查德·莱文

本书观点鲜明、陈述翔实，对于希望了解划时代技术如何改变人类世界的读者来说是不可或缺的重要作品。

——加州大学伯克利分校校长　卡罗尔·克里斯特

作为信息技术领域的先锋，托马斯·西贝尔通过其C3.ai公司向我们展示了未来人工智能对各行各业的深远影响。作者令人信服地指出，在保证安全性、隐私性和伦理性的前提下，人工智能必将极大地促进人类的安全和健康事业的发展。

——普林斯顿大学工程学院院长　艾米丽·卡特

西贝尔在这本书中深入浅出地介绍了以云计算、大数据、物联网和人工智能为特征的新技术将为未来世界带来的机遇和挑战，由此证明划时代的变革必将到来。

——麻省理工学院副校长　伊恩·怀兹

托马斯·西贝尔这部作品的标题颇有欺骗性，它实际上讨论的是人类预测未来的能力。让我们每个人都沉迷于对个人未来的分析，或许这才是本书令人爱不释手的原因。

——意大利国家电力公司首席执行官　弗朗西斯科·斯塔莱斯

作为引领行业40多年的意见领袖和成功企业家，托马斯·西贝尔在书中分享了每一位企业管理者都必须关注的数字技术发展趋势，特别是大数据、物联网、云计算和人工智能的发展趋势。

——法能能源公司首席执行官　伊莎贝拉·高珊

本书为首席执行官了解数字技术趋势的必读之作。作者在个人技术领域的成就及其担任首席执行官的管理经验，使得本书成为企业管理者不可多得的研究佳作。

——霍尼韦尔董事长兼首席执行官　戴夫·科特

本书是当今世界政治、经济和社会管理领域值得研究的重要作品，为希望改善人类安全和未来发展的有识之士提供了行动纲领。

——伊利诺伊大学厄巴纳-香槟分校副校长兼教务长
安德烈亚斯·坎格拉利斯

本书对于那些不甚了解技术行业但希望重塑企业和行业格局的读者具有很好的指导意义。作者丰富的行业经历和管理生涯极好地佐证了书中的观点。

——Eversource 能源公司副总裁　提拉克·苏布拉曼宁

作为硅谷知名创业家和领导者，托马斯·西贝尔在书中对当今引发变革的重大信息技术进行了开创性的描述，这些技术为思想灵活、行动力强的企业家和领导者提供了非凡的机遇。

——布雷耶资本公司创始人兼首席执行官　吉姆·布雷耶

托马斯·西贝尔笔下的数字化世界读来既让人心惊胆战又激动人心。他不但分析了未来要面对的挑战，同时也提出了化危机为机遇的行动方案。

——意大利国家电力公司 ICT 基础设施和
网络解决方案中心主任　法比奥·委罗内塞

这是一本令人印象深刻的作品，托马斯·西贝尔向我们展示了从寒武纪生命大爆发一直到当代机器学习和人工智能等领域的技术发展过程。正是通过审视历史长河，我们才能更好地理解信息技术行业是如何推动人类世界迈入 21 世纪的。

——法能能源公司首席数字官兼集团首席技术官
伊夫·勒·热拉尔

这是一部精彩纷呈、描述严谨且充满预见性的作品，它对后工业时代数字化转型的深度和颠覆性影响力进行了深入分析。作者托马斯·西贝尔拥有非凡的智慧和经验，对当代技术转型期要面对的主要挑战有准确的观察和描述。

——意大利驻美使馆科技参赞、
都灵理工大学电子工程学院院长兼教授 马科·吉里

托马斯·西贝尔的这本书是当下急需的优秀作品。作者对课题的历史化阐述以及对下一代数字化技术的深入了解造就了本书的成功。

——伊利诺伊大学校长 蒂姆·基林

阅读本书会促使你思考数字化转型对企业的影响，令人茅塞顿开。

——摩根大通技术投资银行服务部副总裁 克里斯蒂娜·摩根

作者出色地考察了正在起作用的结构性力量，令人信服地向企业管理者和政策制定者表达了这一紧迫性——必须适应这一新的现实，否则就会走向灭绝。

——伊利诺伊州商会主席兼首席执行官 布莱恩·希恩

尽管人人都在谈论数字化转型，可唯有这本书不但说清楚了问题，而且指明了行动方向。

——荷兰皇家壳牌石油公司首席信息官 杰伊·科罗茨

在托马斯·西贝尔眼中，当今世界风险和机遇并存，技术转型对世界的改变既是自由选择也是被迫之举。这本书既是启发思考之作，也是警醒世人之钟。简而言之，这本书一定不可错过。

——《哈珀斯》杂志前主编、《拉帕姆季刊》主编

刘易斯·拉帕姆

很少有人能像本书作者一样游刃有余地把商业、技术和历史观点完美地结合在一起并呈现给读者。对于希望拨开迷雾，了解当代技术变革趋势的企业管理者来说，这是一本难得的佳作。

——微软全球商用业务执行副总裁　贾德森·阿尔托夫

托马斯·西贝尔在书中不仅提供了信息时代组织机构的生存法则，更为可贵的是他还明确指出了政府和企业管理者及其团队在动荡转型期应如何应对挑战，从而为人类社会带来更多安全和更大的价值。

——美国前海军中将　丹尼斯·麦克金

面对日新月异的技术变革时代，管理者该如何规避风险、发现机遇，读完这本书，你一定会找到答案。

——斯坦福商学院讲师　罗伯特·西格尔

21世纪的商业正在发生深刻变化，数字化转型变得比以往任何时候都更为迫切。正所谓兴亡只在一瞬间，企业的成败决定于能否成功转变组织结构，从而更好地应对数字化时代的挑战。对此，本书为管理者提供了明确的行动方案，帮助他们从信息技术、运营、文化和商业模式等不同角度对企业进行重塑。

——Box公司联合创始人兼首席执行官　亚伦·列维

DIGITAL
TRANSFORMATION

目录

赞誉

推荐序一（康多莉扎·赖斯）

推荐序二（陈果）

前言

第一章　间断平衡 / 1

第二章　数字化转型 / 11

第三章　信息时代加速 / 34

第四章　云计算 / 55

第五章　大数据 / 70

第六章　人工智能的复兴 / 89

第七章　物联网 / 119

第八章　数字化企业　/ 145

第九章　新技术栈　/ 161

第十章　管理者行动方案　/ 180

致谢　/ 206

作者介绍　/ 209

资料来源　/ 211

DIGITAL
TRANSFORMATION

推荐序一　行动的号角

在多年担任企业咨询顾问和政府职员的生涯中，我发现及早认识风险和机遇至关重要，包括风险和机遇的来源、范围以及对实现关键目标造成的潜在影响。托马斯·西贝尔在这本书中介绍了当前全球政府部门和私营企业都必须面对的最大风险和机遇——数字化转型。这是一本非常及时的作品，因为对于这一重要课题，尽管业界广有谈论，但一直以来都缺少深入的探讨。

如同作者所述，当今四种重要的技术力量——云计算、大数据、人工智能和物联网的融合，正在为各行各业带来"大灭绝"，使大量组织机构不复存在或变得无足轻重。与此同时，新型组织结构正在迅速崛起，它们的血液里流淌着数字化时代崭新的DNA。

这场如暴风骤雨般袭来的数字化转型，已经对零售、广告、媒体和音乐等行业造成了深远的影响，成就了亚马逊、谷歌、奈飞（Netflix）、声田（Spotify）等数字化时代巨头公司。此外，数字化转型还开创了全新的行业和商业模式，如优步（Uber）的按需运输服务、爱彼迎（Airbnb）和途家的新型住宿服务，以及餐饮行业OpenTable公司的网上订餐平台服务和地产行业亿罗公司（Zillow）的网上房产估价平台等新型数字化交易模式。在可以预见的将来，随着纬陌公司（Waymo）人工智能驱动的自动驾驶技术的出现，数字化转型有望重塑汽车行业。

数字化转型对金融服务行业的影响开始显现，数以百计的金融技术初创企业在数十亿美元风投资金的驱动下，正在蚕食传统金融服务价值链中的每一个环节。从投资管理、保险，到零售银行服务和支付服务，无一能够幸免。

在复杂的资产密集型行业，如油气开发、制造业、公用服务和物流行业，数字化转型正通过人工智能型程序部署全面展开，让企业在生产率、运营效率和成本节约方面有了显著提升。尽管这些领域的数字化转型不如消费行业的数字化转型那样被广泛宣传和易于观察，但资产密集型行业的确出现了很多重大变化，为企业带来了显著的经济和环境效益。

数字化转型对所有行业造成全面冲击只不过是时间早晚的问题。在这场变革中，任何企业和政府机构都无法独善其身。多年来，我在全球各地和很多企业高管和政府管理者进行过探讨，数字化转型一直都是他们最为关注或优先关注的问题。

从国家层面来看，当前政府对数字化转型的接受和支持程度将决定国家未来几十年的竞争力和经济前景。历史经验表明，凡是在技术革命（当今时代的数字化转型当属此列）中处于领先地位的国家一定会取得最大的发展成果。有鉴于此，在数字化转型领域迅速采取行动显得十分必要。

不考虑对国家和全球安全影响的数字化转型是不够全面的。如同作者所述，人工智能将会在决定国家军事力量和大国关系的博弈过程中发挥重要作用。作者对人工智能领域的全球性竞争及其对未来造成的影响所做的客观评价，对企业和政府管理者具有重要的参考价值。

在帮助组织机构正确认识和应对数字化转型时期的各种挑战方面，很少有人具备托马斯·西贝尔的敏锐观察力。在他创建并担任首席执行官的 C3.ai 公司，我有幸担任过近十年的外部董事，因此对他有比较深刻的了解。这家公司致力于提供技术平台，专门帮助企业实现数字化转型。作为拥有 40 多年工作经验的技术专家、企业高管和创业者，托马斯对数字化转型有着独特的见解。他的专业服务在世界各地赢得了企业和政府管理者的信任和尊重。

在本书中，托马斯对 C3.ai 公司在世界各地实施的具体案例进行了分析说明。这些案例都是各地企业或组织数字化转型的真实活动，有些甚至是所在行业中的"巨无霸"，如 3M、卡特彼勒、荷兰皇家壳牌公司和美国空军。

托马斯认为，成功的数字化转型离不开组织机构高管的授权和领导，即数字化转型必须是自上而下推动的。尽管本书的目标读者是全球的私营企业和公共部门的首席执行官和高管人员，即那些正努力应对数字化转型带来的风险和机遇的人士，但实际上这是一本对每个人都颇有裨益的作品。

和所有成功的创业者一样，托马斯既是一个乐天派，也是一个充满远见和行动力的人。他的目标不只是帮助读者了解数字化转型的含义，而是基于经过验证的经验，提供可操作的建议帮助读者快速成长并取得显著的成果。在本书最后一章"管理者行动方案"中，托马斯对如何开展数字化转型给出了具体指导。

在此,我要向世界各地的企业和政府管理者郑重推荐这本书。阅读、分析其中的案例,牢记书中的建议。对于如何在数字化转型时期取得成功,托马斯·西贝尔的真知灼见无人能出其右。

康多莉扎·赖斯

斯坦福大学商学院全球商业与经济中心教授

美国前国务卿

美国前国家安全顾问

斯坦福大学前教务长

DIGITAL
TRANSFORMATION

推荐序二

机械工业出版社的编辑在英文原著出版后不久就把这部作品发给我阅读，希望我评估翻译选题，到现在即将付梓，已一年有余。这本书是我看过的思路最清楚、文字最平实、观点最深刻的论述数字化转型的著作。在过去这段时间里，我将此书推荐给了不少业内朋友，反馈甚佳——某企业软件公司创始人写了万字读后感发表在其个人公众号上，国内最大的房地产企业首席信息官（CIO）买了十多本英文原著送给公司其他高管阅读。

本书作者于10年前创立的企业软件公司C3.ai已于2020年12月在美国上市，上市后股价飙升，市值很快突破了100亿美元。其产品定位为在数据源和应用系统之间提供一个整合的大数据和人工智能平台，处理和分析互联网、物联网产生的海量数据，为企业应用系统赋能。长期以来，在大数据和人工智能领域内，企业级应用系统大多采用开源软件定制开发，而开源技术标准庞杂、开发工作量大，企业迫切需要一个业务驱动的易于使用、模块化开发的标准软件产品平台，C3.ai 公司的产品应运而生，极大地满足了企业需求。

"当前管理者对从'信息化'到'数字化'的转型过程十分关注，"作者在书中指出，"数字化企业是一场适者生存的物种进化，然而，数字化并非横空出世，而是由传统信息化演进而来。"30 多年来，托马斯·西贝尔在企业应用软件行业闯荡中形成的行业洞察和信念助力了他二次创业的成功。

他在本书中指出，当他于 20 世纪 80 年代参与创建全球最大的企业数据库软件公司甲骨文时，最大的竞争对手是客户，即企业 IT 负责人——CIO，因为不少 CIO 坚持自己开发数据库系统，而非采用标准软件，后来事实证明，自开发数据库软件这条路耗费大、成功率低，于是 CIO 只好回头，向甲骨文购买标准数据库软件。作者认为这个规律又在今天得到了验证：企业和政府的数字化转型需要建立全新的技术栈，但是并非一切数字化的平台和系统都靠用户自研、自建，在云计算、大数据、物联网和人工智能这四个关键领域，供应商必须提供无须过分依赖专业技术人员的模块驱动的标准化企业软件。

在数字化转型的潮流中，我非常赞成作者对于企业软件行业发展的这一洞察。在国内企业软件行业里，"中台""数据中台""人工智能平台"等概念一度盛行，但是这些软件产品的标准化程度低，在实际实施应用中，大多要以定制化项目的形式向企业交付系统。如何构造模块驱动的标准化企业软件产品呢？本书为中国同行提供了非常好的思路。

托马斯·西贝尔在 20 世纪 90 年代首次创业成功，他所创建的西贝尔公司（Siebel）不仅成为最大的企业软件巨头之一，还定义了企业管理中"客户关系管理"（CRM）这一名词概念和软件品类。企业销售管理方法论并非首创于西贝尔公司，IBM、施乐等美国大公司对此有多年的实践经验，然而西贝尔是第一家在其软件中全面实现销售覆盖、商机管理、客户管理等企业级销售管理模式和业务流程一体化的公司。作者这次创业的公司不仅专注于开发技术平台，还非常注重行业应用场景，本书中介绍了其产品在政府、军队、制造行业和能源行业的应用案例。企业应用软件要包含最佳业务实践，具有理论高度，向用户交付商业价值，而中国企业数字化以及企业软件行业，在商业和管理理论的总结提炼方面非常需要向作者学习。

陈果

波士顿咨询公司 Platinion 董事总经理

微信公众号：Georgechenshanghai

DIGITAL
TRANSFORMATION

前言　后工业社会

　　1980年，我在伊利诺伊大学厄巴纳-香槟分校读研究生，有一天我在联合书店看到一本麻省理工学院刚刚出版的图书，书名是《微电子革命：新技术指南及其对社会的影响》(*The Microelectronics Revolution: The Complete Guide to the New Technology and Its Impact on Society*)。[1] 这本书倒数第二章标题是"信息社会的社会框架"，作者是丹尼尔·贝尔。

　　这个题目引起了我的兴趣。当时我正在学习运筹学和信息系统课程，这个课程需要我经常去计算机实验室接触与早期大型机计算相关的信息技术，如控制数据公司的网络计算机、FORTRAN语言、穿孔卡片计算机和批处理运算等。对于我来说，这一切都很新鲜，我迫切希望了解更多相关知识。

　　我尤其感兴趣的是丹尼尔·贝尔在1973年的作品《后工业社会的来临》(*The Coming Post-Industrial Society*)中首次提出的宏大观点。[2]

贝尔的第一份工作是新闻记者，他在 1960 年凭借个人已经发表的图书荣获哥伦比亚大学博士学位，并于 1962 年成为该校教授。[3] 1969 年，贝尔转到哈佛大学任教，直至去世。贝尔是一位高产作家，出版过 14 本著作，发表过数百篇学术文章，其中最为知名的成就是其首次提出"后工业社会"这一概念。

贝尔是 20 世纪非常有影响力的美国知识分子。在 1974 年一份对美国杂志期刊发表影响力排名前 70 位的知识分子所做的调查中，贝尔排在前十位。[4]

贝尔教授研究了在经济趋势和不断发展的信息通信技术背景下人类经济结构的发展历史，以及隐藏在这些结构之下的哲学思想的演化过程。

贝尔提出了后工业社会概念，并预测了人类经济和社会互动结构的根本性变化。这种变化会对工业革命所形成的社会秩序造成影响，进入他所称的"信息时代"。

贝尔对信息技术推动的社会新秩序的形成予以理论化，认为它会显著改变社会经济互动的方式。受此影响，知识传播和获取的方式、人类的沟通方式、娱乐方式，以及产品和服务的加工、交付和消费方式，甚至于人类的生活和工作方式都将发生深刻的变化。

后工业社会概念的提出

贝尔在构思这一概念时，个人计算机、互联网、电子邮件、图形化用户界面都还没有出现。他预测，到 21 世纪会出现以新的通信方式为基础的新型社会框架，进而改变人类的社会和经济活动，改变知识创造和传播的方式，改变劳动力的性质和结构。[5]

这个观点引起了我的共鸣。直觉告诉我，这个观点十分中肯，和我的世界观不谋而合。

后工业社会这个表达，描述的是在全球经济结构中出现的与工业革命同等重要的一系列宏观经济和社会变化。贝尔以经济文明史为背景提出这一理论，它包括三个阶段：前工业社会、工业社会和后工业社会。

前工业社会

贝尔认为前工业社会是人类和自然的斗争史。在这个社会阶段，人类用自身的力量征服自然，主要从事采掘垦殖业，如渔业、矿业、农业和林业。此时的生产过程完全由人来完成，但人力受制于自然环境的变化。人类文明高度依赖大自然，风云雨露都会对生产活动造成影响。当时主要的社会组成单元是大家族。前工业社会大多是以传统家族制为特征的农业型社会，生产率非常低下。[6]

在前工业社会，控制稀缺资源的人占据统治地位，当时的稀缺资源主要是土地，统治阶级的主要代表是地主和军人。经济活动的基本单位是农场和种植园。权力的表现形式是直接掌握武力，权力的获取主要依靠世袭、军事侵略和武装夺取。[7]

工业社会

贝尔认为以产品生产为特征的工业社会是一部人类对自然的加工史。他写道："机器主宰一切。人类的生活节奏完全被机械化，各种活动都有明确的时间，有条不紊，无比精确……劳动力、生产资料和市场，一切都按照产品的生产和分配做了井井有条的配置。"[8]

在这种社会模式下,游戏规则是"积累资金,兴建制造企业,然后利用能源把自然产物转变成技术产物"。[9]

在工业社会,最为稀缺的资源是获得各种形式的资本(尤其是机器资本)的途径。企业是经济活动中的基本构成单位,占主导地位的角色是企业管理者,生产过程主要依靠机械完成,权力的表现形式是企业的直接影响力。贝尔认为这个阶段组织机构的作用,是要满足不同职务的需求,而不是个人的需求。权力大小取决于财产所有权多少、政治地位高低和技术实力强弱。权力的获取主要依靠继承、资助和教育。[10]

后工业社会

后工业社会最重要的标志是服务交付。服务交付强调人与人之间的互动,其推动力源自信息,而不是人力或机械力。"如果说工业社会的标志是提供正常生活所需的足够数量的产品,那么后工业社会的标志则是保障由各种服务和福利所衡量的生活品质,如健康、教育、休闲和艺术等人人都可以享受的服务的品质。"[11] 在这个社会阶段,职业工作者是最核心的构成要素,他们拥有推动后工业社会发展所需的教育背景和培训经历。[12] 这个时代意味着精英知识分子,即知识型工作者的崛起。大学的重要性开始凸显,一个国家的实力取决于其科研能力。[13]

在后工业社会,知识是最主要的资源,数据开始成为通用货币。数据越多——体量越大、内容越精确、反馈越及时,所产生的价值和力量就越大。大学成为国之重器,研究人员和科学家(包括计算机方面的科学家)发挥着越来越重要的作用。社会地位取决于个人的技术水平和教育程度，教育成为获取权力的途径。[14]

贝尔以此为依据对美国经济的发展过程进行了划分，第一个阶段是截至1900年的前工业农耕社会，第二个阶段是截至20世纪中叶的工业社会，第三个阶段是截至1970年的后工业社会。为了支持自己的观点，他对美国同期的劳动力构成进行了分析。分析表明从1900年至1970年，农业劳动者和工人在总劳动人口中所占的比例由50%锐减到9.3%。与此同时，美国白领工作者的比例从17.6%增长到了46.7%。[15] 此外，调查数据还表明，从1860年至1980年，美国信息工作者的比例从7%增长到了51.3%。[16]

贝尔认为知识和数据是后工业时代的重要价值。他写道：

我所说的信息是指最广义层面的数据处理。数据的存储、检索和处理成为支撑一切经济和社会交换活动最为重要的资源。其中包括：

1. 各种历史记录的数据处理：如工资、政府福利（社保信息等）、银行账务等。各种计划信息的数据处理：如航班预订、生产安排、库存分析、产品组合信息等。

2. 数据库：各种人口信息的特征处理，如人口普查数据、市场调研、观点调查、选票数据等。[17]

信息时代

在后来的写作中，贝尔提出了信息时代兴起的概念，这是一个由专业技术人员组成的全新精英阶层统治的时代。他预测在这个时代，科学家和工程师将会取代资产阶级成为新的统治阶级。

贝尔对信息时代的预见并没有夸大其词。他这样写道："如果说工具技术是人类体力的延伸，那么通信技术作为感受和知识的延伸极大地拓展了人类的意识范围。"[18]

贝尔预见到，是技术的聚合开创了信息时代。在19世纪到20世纪上半叶，信息传播的主要途径是图书、报纸、期刊和图书馆，到20世纪下半叶，信息传播的途径变成了收音机、电视机和电报，通过有线或无线方式加密传输信息。正是这些技术的聚合以及20世纪下半叶计算机的出现为信息时代的到来点亮了启明灯。[19]

贝尔认为以下五种结构性变化推动了信息时代的到来：[20]

1. 电话和计算机通信聚合为同一媒体。

2. 电子通信取代印刷媒体，使电子银行、电子邮件、电子文件传输以及远程电子新闻等服务成为可能。

3. 有线通信极大丰富了电视内容的发展，使千家万户都能便利即时地收看一整套专业频道提供的各种节目内容。

4. 计算机数据库的出现成功聚集了来自全球的知识和信息，使人们可以在家中、图书馆和办公室里实现互动式远程小组研究和即时个人访问。

5. 计算机辅助教育极大丰富了教育系统的内容，使全球用户都能即刻远程访问任何学习资料。

从1970年展望未来，贝尔的预言可谓相当精准。除了互联网、电子邮件、有线电视、卫星电视、搜索引擎和数据库技术，他甚至预测到企业应用软件行业的出现，并对其发展有十分清晰的描述。例如，他是这样假设信息时代的预订服务行业的："它会通过计算机化的数据网络向航空公司、酒店、火车站、影剧院、租车公司销售服务……如果某个公司建立了高效的预订网络……它就能向上述所有行业进行销售。"[21]

如果从我们所处的当今时代回望贝尔当年的那些预言，这一切似乎不足为奇，但是置身于半个世纪之前那个经济滞胀且充满战争和动荡的年代，能做出如此预测的确令人感到惊讶。那时主导美国经济的是通用汽车、埃克森石油、福特汽车和通用电气等老牌公司。那时，埃克森石油的收入只有今天的十分之一。英特尔4004处理器也才刚刚问世，它的出现令电子计算器能够自动处理加减等较为简单的数学运算。曾经推动个人计算机问世的传奇团体霍姆布鲁计算机俱乐部（The Home Brew Computer Club），直到贝尔的作品出版两年之后才首次举办活动。那时闻名天下的运算企业如控制数据（Control Data）、数据通用（Data General）和雷明顿兰德（Remingto Rand）等公司如今早已销声匿迹。对于信息技术这个新兴行业来说，贝尔的预测非常有远见。

多年来，我接受的教育、从事的职业，以及参加的社会活动大多都和贝尔的理念相关。我的目标就是要了解、发展他的理念，并努力推动他的理念的实现。可以说这一理念是我人生的拐点，是它促使我攻读伊利诺伊大学工程学院的研究生课程，并最终获得了计算机硕士学位。

熟悉工程语言和信息技术之后，我开始从事这些领域的教育工作。后来我离开校园来到硅谷，开始创建、管理自己的公司并进行融资。除了在企业和大学担任顾问，我还在工程学院和商学院授课，出过书、参加过演讲、成立过公司。

我的目标是想在个人高度认同的这个课题领域有所建树。纵观1980年至今，贝尔的很多预言都已经得到了证实。信息技术行业的产值从1980年的约500亿美元，增长至2018年的3.8万亿美元，[22] 2022年预计会达到4.5万亿美元。[23]

我从事这个课题的研究已有四十多年，在此过程中有幸和很多业内重要人物进行过沟通，其中包括戈登·摩尔、史蒂夫·乔布斯、比尔·盖茨、拉里·埃里森、郭士纳、萨提亚·纳德拉、安迪·杰西等人。

能够成为数据库行业、企业应用软件行业和互联网计算行业的创新者和积极参与者，这让我感到非常荣幸。

随着人类迈进21世纪，我越发清晰地意识到丹尼尔·贝尔预见到的技术发展趋势正在逐渐加速。如今正在发生的技术聚合包括了弹性云计算、大数据、人工智能和物联网等新技术。这种聚合可以帮助我们解决25年前无法理解的应用问题。现在，我们可以开发预测引擎，这才是数字化转型的真正秘密，这才是未来时代的乐趣所在。

DIGITAL
TRANSFORMATION

| 第一章 |

间断平衡

虽然并不确定历史是否总是会重演,但在我看来,历史似乎确实存在一定的规律。[1]在管理学领域,我发现模式识别是一项至关重要的能力,即从各种环境中看透复杂表象,发现内在基本规律的能力。在学习信息技术的过程中,我总是在相关的历史背景下做出决策和选择。

最近我在纽约做过一次投资会议演讲,并在午餐时和得克萨斯太平洋集团(Texas Pacific Group)的创始人吉姆·古尔特有过愉快的交流。吉姆热衷于研究进化生物学和社会变革在动力学方面的相似性。他的社会进化观点中有一个重要概念叫"间断平衡",这是一种相对较新的阐述进化方式的理论。我对这一理论产生了兴趣,并在这一主题上进行了一番研究。

查尔斯·达尔文在其革命性作品《物种起源》[2]中指出,自然选择是物种形成和进化的推动力。达尔文认为进化是一种持续变化的力量,以适者生存为特点,在千百万年的漫长时间里缓慢不停地积累微小变化的力量。与此相反，间断平衡观点认为进化是以一系列突发的进化性变革的方式发生的。这种改变往往以环境变化为诱因，形成进化平衡的不同阶段。

这一观点之所以有说服力是因为它和当今商业领域的情形高度吻合。当前，我们正在见证一场进化性变革的爆发——一大批企业被淘汰，新一批公司开始茁壮成长。这种变化的范围和影响，以及企业保持生存需要进行怎样的进化，正是本书的主要课题。

根据达尔文的自然选择理论，有机体是从一个物种逐渐演变成其他物种的。所有物种都要经历从祖代到后代之间的中间形态，因此物种的每一种形态都应当存在化石证据。达尔文等进化论生物学者非常强调化石证据对生命演变史的证明。但是地球上的化石证据并不能证明自然选择派声称的连续进化史。达尔文认为，化石证据会出现中断是因为死亡的有机体必须马上被埋葬才能变成化石，即便如此，化石也会因为地质运动或风化作用等原因受到损坏。[3] 自 1859 年《物种起源》发表之后，业界一直对这种假设争论不休，截至目前仍未有极具说服力的观点可以解释有机体化石证据的非连续性问题。而破坏导致的非连续性才是生物进化的真正规律（见图 1-1）。

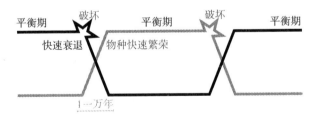

图 1-1　破坏导致的非连续性才是生物进化的真正规律

注：进化过程的标志是长期稳定阶段之间出现物种快速繁荣的孤立性事件。

从地质时代角度来看，化石证据表明（物种关系的）非连续性是一种规律而非例外情况。有证据表明地球上最早的生命形式（一种微观的单细胞生物）可以上溯到35亿年前。这种形似细菌的单细胞生物在地球上稳定地进化了近15亿年之久，差不多相当于地球历史的三分之一。其后的化石证据表明，地球上出现了生命形式大爆发，形成了由三种细胞结构支撑的三种不同生命类型。其中一种细胞类型正是当今时代众多生命形态的远祖，它的出现最终导致地球上出现了动物、植物、菌类和藻类等多种类型的生命。

化石证据表明，差不多又经过了15亿年相对稳定的发展，地球生命在5.41亿年前再次经历了一场物种大爆发。这次大爆发被称为寒武纪生命大爆发，多细胞生命开始大量出现，实现了单一有机体向多样化生命形式的转型。经过2000万年到2500万年的发展（这段时间还不到地球发展史的1%），地球生命形式从史前生活在海洋中的海绵动物进化到了陆生动物和植物。目前我们这个星球上每一种动植物物种的基本构造都源自寒武纪生命大爆发时代诞生的有机体。[4]

现有化石证据表明，地球上的物种是突然出现并在地球上生存的，其中的大多数会在数百万年或数亿年之后消亡。

1972年，生物学界以间断性化石证据为背景对达尔文的进化论进行了重新解读。进化论生物学家、古生物学者史蒂芬·杰·古尔德在其作品《间断平衡》[5]（*Punctuated Equilibrium*）中阐述了他对进化论的新观点，希望"证明生物学界（化石证据间断）这一现象是一个值得研究的数据信号"。[6]他在书中提出，化石证据缺失本身就是证据，表明进化演变是突发的而不是持续渐进的过程。古尔德认为生命形态的改变是例外情况，物种保持数千代的稳定存在，在此期间很少或基本不发生任何变化。这种稳定性最终会被生命形式大爆发所打破，产生无数适应新环境的新物种。

范围是这种进化论观点中的重要一环。在间断平衡观点中，古尔德关注的是所有物种整体范围的进化模式，而达尔文的观点侧重的是个别物种的代际行为方式、生存和繁殖情况的进化模式。例如，雀类及其后代会在代际繁殖中表现出某些方面的微小变化。这就好像玉米育种杂交总是选择最饱满多汁的种子，只有这样才能保证长出来的玉米又大又甜，雀类也会根据食物的不同把喙的优势基因遗传给后代。有些雀类的喙又尖又长，便于在树缝中叼食昆虫；有些雀类的喙较为短粗，便于破壁食用种子。古尔德最重要的观点在于，无论怎样进化，雀类的喙还是喙，这种进化并不是革命性创新。这就好像从石墨到墨水的进化，而从纸笔到印刷媒体的进化才是质的飞跃。

大灭绝和大繁荣

当科学技术和社会经济制度相匹配时，我们就会迎来间断平衡。长期稳定存在的事物会突然间土崩瓦解，然后再形成新的稳定系统。这样的例子在人类发展史上有很多，如火的应用、狗的驯化、农业、火药、计时器、跨洋运输、古腾堡印刷术、蒸汽机、提花纺织机、火车机车、城市供电、汽车、飞机、晶体管、电视、微处理器、互联网等新事物的出现，所有这些发明创新都对稳定的社会现状造成了冲击，最终变成洪水猛兽一样的存在。

有时候，这种洪水猛兽甚至可以是字面上的含义，像火山爆发、小行星撞击、气候变化等自然灾害也会影响生命进化进程。此类灾难不只会带来新物种的爆发，历史经验表明，进化间断与地球物种的大范围灭绝有着密切的关联。特别是那些曾经处于统治地位的物种，都曾在历史上出现过大灭绝。

自寒武纪生命大爆发以来，从旧物种稳定存在到新物种快速繁荣的发展循环发生得越来越频繁，每一次循环造成的破坏力也变得更为强大。大约 4.4 亿年前，地球在冰川化和海平面下降的影响下遭遇奥陶纪－志留纪大灭绝，86% 的物种被毁灭。2.5 亿年前，地球再次经历大灭绝时代，[7] 所有生命体几乎消失殆尽。在这次二叠纪－三叠纪大灭绝时期，由于大量火山喷发造成全球变暖、海洋酸化，96% 的物种彻底灭绝。大家比较熟悉的是，大约 6500 万年前，小行星撞击尤卡坦半岛导致的火山活动和气候变化消灭了地球上 76% 的物种，其中包括曾经稳定存在了 1.5 亿年之久的恐龙家族。[8]

综上我们可以看出，进化间断使物种具备了以下 4 个周期性特征：出现、繁荣、灭绝、重复。

在过去 5 亿年中，地球经历过 5 次大灭绝事件，只有少数物种得以存活（见图 1-2）。每次大灭绝之后，生态系统中的空白很快会被存活下来的物种迅速填补。例如，经过白垩纪－第三纪灭绝之后，恐龙的地位被哺乳动物取代。这可是件大好事，不然也不会有今天你和我的存在。

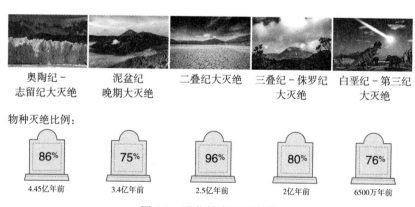

图 1-2　进化性大灭绝事件

注：地球经历的这 5 次大灭绝事件，由于环境突变造成多达 96% 的物种消失。

进化间断关乎的不是鸟喙长短这样的竞争优势问题，而是涉及物种生存的问题。从这个角度来说，技术和社会的进化跟生物进化的道理完全一样。例如，汽车的出现彻底取代了马拉客车。不过这种进化并不都是愁云惨雾和世界末日，大灭绝总是伴随着大繁荣同时出现。

地球历史上第一次已知的大灭绝是 24.5 亿年前发生的大氧化事件。这次事件又名氧化大屠杀，[9] 造成地球物种的大量消亡。在我们这个星球存在的早期阶段，大气中是不含氧气的。实际上氧气对当时的生物来说是有毒的，几乎所有的物种都生活在海洋中。当时占统治地位的物种是氰基细菌，又叫蓝绿海藻。这些海藻是靠光合作用生存的，利用阳光制造养料，同时释放氧气作为废气。氰基细菌的大量繁殖，最终导致地球上的海洋、岩石和大气中都充满了氧气。也就是说，氰基细菌最终造成了毒害自己的局面，把自己变成了濒危物种。很快，海藻的数量开始锐减，地球上其他物种同样在劫难逃。[10]

就这样，厌氧物种（即无法代谢氧气的物种）很快死亡或沉降到氧气含量极低的海洋深处。在大氧化事件中存活下来的有机体使用氧气制造能量，这种能量转化过程更为高效，比厌氧性代谢高出 16 倍之多。经过这次生命重塑，厌氧生物由盛转衰，进入隐秘缓慢的发展阶段。需氧生物迅速繁荣，开始发展壮大。不难想象，这些依靠氧气生存下来的有机体很快便进化成数量众多的新物种，并最终实现了走出海洋、走向陆地的新目标。[11] 可以说，这是地球历史上第一次甚至是最伟大的一次大灭绝事件。没有这次事件的发生，恐龙压根不会出现，哺乳动物祖先的诞生就更谈不上了。

因此，每一次大灭绝都是一次新的生命起点。

间断平衡和经济破坏

我发现间断平衡理论也可以很好地解释当今世界经济的破坏。从技术领域来说，我们一直认为摩尔定律[12]就像达尔文的渐进式进化理论一样，可以为经济的持续性增长变化提供理论依据。但实际上，革命性进化理论才是更有说服力的观点。

摩尔定律提出的指数级趋势——集成电路上的晶体管数量每两年会增加一倍，同时成本降低一半——当然是正确的，但是它的应用忽略了技术进化的影响。就像判断雀类是否发生物种进化不能仅凭测量其喙多快能变长一样，集成电路上晶体管数量的很快翻倍也并不能证明有重大技术进化发生。对进化性增长的衡量不应取决于创新变化发生的速度，而应注重导致革命性变化出现的根本原因。历史经验表明，间断的产生正变得越来越频繁，促使经济物种和行业出现越来越激烈的巨变。

在过去的 100 万年中，全球平均每 10 万年就会出现一次进化的破坏性间断，[13] 100 万年就是十次破坏性间断。和地球 5 亿年中的 5 次大灭绝相比，抑或是和 33 亿年前的大氧化事件相比，破坏性间断的频次显然在上升，破坏性间断之间的静止期也在不断缩短。这一模式对于行业、技术和社会领域也同样适用。

以通信行业为例，1830 年，塞缪尔·莫尔斯发明电报，它的出现史无前例地改变了长距离通信的面貌。45 年后，亚历山大·贝尔发明电话，电报通信被取代。又过了 40 年，从纽约到旧金山的洲际电话线路开通。又过了 40 年，传呼机的出现使无线通信成为可能。又过了 25 年，手机的问世让传呼机和固定电话接线员被大量淘汰。高速无线通信的到来、处理器性能的强化和触摸屏的出现催生了网络电话服务，2000 年左右，智能手机用户已经达到数十亿之众。[14] 在这个过程中，我们见证了摩托罗拉、诺基亚、RIM（黑莓手机制造商）等经济新"物种"的出现和壮大，它们一度主宰了通信市场。2007 年，苹果手机的推出颠覆了整个移动电话行业。接下来的十年里，三星、华为、OPPO 等品牌纷纷推出和苹果类似的产品，形成群雄逐鹿的局面。如今，全球通信行业拥有超过25亿智能手机用户，[15] 这一切的形成只用了不到20年时间。

技术和社会趋势的发展也在推动数字化娱乐行业出现类似的加速间断的情形。1905年，全球第一家名为Nickelodeon的电影院开张，每张门票仅售五美分。50年后，家庭电视的出现使各大电影院遭到重大冲击。后来，录像机垄断市场长达20年，直到DVD取而代之。如今，DVD及其替代品蓝光影碟都已经退出市场。移动服务、个人电脑和互联网的聚合造就了机顶盒视频流服务，出现了奈飞、葫芦和亚马逊等供应商，极大地推动了专业和业余视频内容的丰富，重塑了视频娱乐行业的形态。[16] 实际上，在现有行业中识别这种变化就像发明新技术一样既有趣又复杂。

个人出行领域的（技术）间断主要是内在型进化。人力车和畜力车被汽车取代之后，汽车的基本形态一直都没有发生过重大变化，但是车内的部件几乎一直都在改变。这种情况是不是有些眼熟？没错，就像寒武纪生命大爆发为当今所有生命形式提供了内在基础结构一样，第一批汽车的出现也决定了后来所有车型的基本结构。无论怎样改装，换汤不换药，汽车行业的进化只是功能和性能的改善。例如，20世纪初，汽油机引擎出现并取代了蒸汽机引擎。汽油机引擎重量更轻、效率更高，汽油不但便宜、量大而且随时都可以获得。[17] 汽油其实是有风险的，它易燃而且有毒，但是这些风险和它带来的好处相比不值一提。这种观点是不是也很耳熟？没错，就像大氧化事件对生命形态造成的影响一样，这种能源革命使汽车跑得更快更远，也更结实。经过相对平衡的一段时间，特斯拉等电动汽车、优步和来福车（Lyft）等车辆共享服务商，以及纬陌（Waymo）等无人驾驶技术的同时出现正在掀起一场新的风暴，最终将实现行业的重新洗牌。

有证据表明我们正处在一场进化间断当中，见证着21世纪前期企业界的大灭绝。自2000年以来，《财富》500强企业中有52%的公司宣布破产或被收购、兼并。据估计，目前约有40%的公司会在未来10年内倒闭。伴随这些企业的消亡，我们看到一大批创新公司正在茁壮成长，如奈飞、谷歌、Zelle（美国移动支付公司）、Square（美国移动支付公司）、爱彼迎、亚马逊、Twilio（美国云通信公司）、Shopify（美国电商公司）、Zappos（美国网上鞋类公司）和 Axios（美国新媒体公司）。

仅仅跟随变化潮流是不够的。就像大氧化事件中的有机体一样，组织机构必须改变应对世界变化的方式；必须能够识别现有模式何时会失效和进化；必须建立全新的创新流程，最大限度地利用一切可用资源；必须开发出具有可更换组件的系统来应对未来的挑战，让生产、规模升级和运行速度都变得越来越快；必须开发具有明确生存优势的体系以确保企业的生存和壮大。

大灭绝和其后的物种大爆发的出现都有其原因。对商业领域而言，我认为"数字化转型"就是类似的原因。面临数字化转型的行业一定会遭遇类似的"繁荣或消亡"模式，就像大氧化事件中有机体的遭遇一样。当完成数字化转型的企业开始"游出大海走向陆地"时，剩下的企业只能在竞赛中重新学会"呼吸"或面临被淘汰的下场。

本书试图展示的是数字化转型的本质，它的定义、起源，以及对全球行业为什么如此重要。截至目前，我们可以认为数字化转型的核心是四种深刻的破坏性技术的聚合，即云计算、大数据、物联网和人工智能的聚合。

在云计算的推动下，新一代人工智能在越来越多的案例中得到应用，其技术表现令人刮目相看。物联网无处不在——它的出现令横跨行业和基础设施之间的价值链中的设备得以互联互通，每天可产生太字节

（兆兆位字节）的海量数据。

然而如今并没有多少组织机构有能力管理如此大量的数据，更谈不上如何从中攫取价值。大数据已经应用于商业、休闲等社会的各个领域，企业不得不开始面对商海中的"氧化大屠杀"，即大数据革命。如同氧气在地球上的出现一样，大数据如今也变成一种重要资源，既能置企业于死地也能推动企业实现涅槃。在大氧化事件中，物种开始创建新的信息流渠道，更高效地利用资源，调动闻所未闻的关联功能，把氧气从致命的分子转变成生命的来源。大数据、人工智能、云计算和物联网的出现，必将在同等程度上改变人类的技术蓝图。

生命发展的历史表明，依赖渐进式改良生存模式的既有物种，其活动过程既没有犯错空间也没有创新空间。所有物种只能利用有限的资源去发展，而且随着世界的变化有可能丧失这些资源。与此相类似，空有资源但缺乏知识、工具和意志力的管理者也会在商海竞争中失败。能够在（技术）间断期存活下来的企业才是真正实现了数字化转型的企业。它们会全面重塑社会、技术和行业之间的关系。创新导致的企业繁荣就像有氧呼吸、寒武纪生命大爆发和人类的出现一样令人感到惊异。

像数字化转型这样的进化间断，我们根本不可能预测当它结束时会发生哪些情况。这是一个快速创新、通过经验持续学习和反复迭代不断循环的过程，在这个过程中的不同表现会决定企业是继续繁荣还是逐渐消亡。最终，只有那些学会如何利用大数据、云计算、人工智能和物联网挖掘新价值的企业，才能爬出海量数据的泥沼，迈入新的数字化王国。

DIGITAL
TRANSFORMATION

|第二章|

数字化转型

何谓数字化转型？它源自云计算、大数据、物联网和人工智能等新技术的交叉，对当今社会各个行业都有着决定性影响。有人把它描述为数字技术力量在组织机构所有领域的全面应用，[1]有人认为它是利用数字技术和先进分析手段提升经济价值、企业敏捷度和行动力的重要方式。[2]

我觉得通过案例来说明数字化转型会更有价值。一方面，这是因为我们仍处在大规模破坏性创新和持续变革之中，数字化转型的范围及其内涵还在进一步演变，我们对其影响的理解有待进一步加深。另一方面，数字化转型的每一次迭代，无论在企业、行业还是单一组织机构内部，都会让我们认识的层次更高、程度更深。

简要地说，数字化转型既不是信息技术领域的一系列代际变革，也不仅仅是企业流程、数据和信息向数字化平台的简单迁移。行业分析专家、来自奥特米特集团（Altimeter Group，美国调查研究公司）的布莱恩·索利斯认为："投资技术并不等同于数字化转型。"[3]对此，我将在后面的章节详细说明。

本书将会向各位读者展示数字化转型当前阶段的现状，指导企业如何应对数字化转型，避免在时代大潮中被淘汰。这一点对任何企业都至关重要，因为无论企业规模大小，不迅速转型就意味着走向灭亡。对那些机构臃肿、尾大不掉的大型组织机构来说，数字化转型更是迫在眉睫，因为一大批体制灵活、善于运用数字化工具和数据的小企业正在迅速赶超，成为引领时代转型的弄潮儿。

以数字化转型作为历史背景，我们不妨先来观察一下数字化革命的前两次浪潮。我们现在所看到的很容易让人联想到间断平衡，即快速变革和破坏性创新之后出现的稳定期导致失败的企业逐渐消亡，成功的企业蒸蒸日上。对于像我们这样数十年来从事技术研究的人来说，回顾以前推动组织机构和政府生产率提高的数字化革命并不困难。但是我们发现，当今时代的数字化转型和以前出现的数字化革命存在着很大的区别。

我们发现，当今社会正在经历完全不同且更为深刻的破坏性创新。前两次创新浪潮，即数字化和互联网和这一次简直不可同日而语。数字化转型的巨大威力会让前者变得微不足道。尽管数字化转型也会带来类似的生产率提升，但是这种提升却是以完全不同的方式来实现的。

第一次浪潮：数字化

20世纪80年代，个人计算机尚未在工作组得到应用时，运算完全是中央式的。那时候的计算机都是大型机，只有极少数管理员能够操作和控制。想要使用它们，你得先预约申请使用时间。大型机和小型电脑主要用来从事计算工作。

个人电脑的出现带来了极大的便利。工作者可以自行调整工作安排，更高效地完成任务。除了计算之外，工作者还可以在电脑上执行其他任务，如文字处理（此类软件包括 WordStar、WordPerfect 和 Microsoft Word）和图形设计（此类软件包括 Corel Draw、PageMaker 和 Adobe Illustrator）。随着工作组邮件系统的出现，人们的沟通方式出现了变化。数字化计算、电子表格和数据库的出现，使原来人工处理需要耗时数日或数月的工作，变成了键盘上几秒钟的自动化逻辑运算。

很快，各种桌面应用程序、电子邮件、图形化用户界面操作系统、低成本电脑、调制解调器和笔记本电脑纷纷出现，极大地提升了工作者的生产率。桌面程序经过几代的发展变得越来越复杂精密，很多专业系统工具被取而代之，如桌面出版系统、图像设计系统（包括阿波罗工作站、CAD 电脑辅助设计、Autodesk 等程序），以及带有各种公式和算法的高度复杂的多标签电子表格，已经预示了今日人工智能的发展趋势。

这些进步和改善释放了巨大的经济增长动力。全球 GDP 的年增长率从 1989～1995 年间的 2.5 个百分点增长到 1995～2003 年间的 3.5 个百分点，增幅达到 38%。[4] 数字化使人们的工作变得更简单、更准确、自动化程度更高。[5]

第二次浪潮：互联网

美国高级研究项目局（ARPA，现更名为国防高级研究项目局，即 DARPA）成立于 1958 年，当时正处于冷战的焦灼期。由于担心苏联会攻击并摧毁美国长途通信网络，1962 年，高级研究项目局和麻省理工学院科学家约瑟夫·利克莱德建议把（各指挥点的）电脑连接起来（建立内部通信网络），以免在核战中失去通信功能。这就是后来为人所熟知的阿帕网（ARPANET）。1986年，美国公共网络系统（国家科学基础网，即NSFNET）从军用网络中分离出来，和各大学的计算机系实现了连通。至此，美国国家科学基础网开始成为互联网的核心，连接了当时刚出现不久的众多互联网服务提供商。在此基础上，后来又陆续出现了超文本传输协议（HTTP）、万维网、Mosaic网络浏览器，以及美国国家科学基础网的商用扩展。[6] 互联网就这样诞生了。

互联网早期实例，如雅虎和网景的主页，只包含一些静态页面和只读性内容，用户体验非常被动。进入千禧年之后，网络2.0版的出现极大地改善了网站的使用性，出现了用户生成数据、网络应用程序，以及虚拟社区、博客、社交网络、维基百科、YouTube和其他协作式互动平台。

互联网一经诞生就对商业、政府、教育等人类生活的各个方面带来了破坏性创新。创新型企业优化了流程，使它们和老字号相比行动更为迅速、发展更为茁壮。自动化人力资源和财务系统的出现，使员工服务和薪资管理变得更加快速便捷，同时，错误也减少了很多。企业开始利用客户关系管理系统更好地与顾客进行互动。

在互联网出现之前，规划假期行程需要联系旅行社，然后花上几天的时间规划出行路线。旅行过程中也不轻松，要准备各种纸质资料、车船票和地图。再想想互联网时代之前的零售模式——实体店、优惠券、直邮目录和受话人付费电话业务（800 numbers）。还有互联网时代之前的银行业——你得跑到营业厅，准备好支票，然后到柜台等着换钱。还有那时的股票投资——你必须快速浏览报纸上的股票专栏，去图书馆查阅资料，或是直接打电话给某个公司让他们邮寄最新的财务报表。

互联网的出现使这些行业的生产效率极大提升，它既造就了一批成功企业也导致了一些企业的消亡。如今，你可以通过手机的应用程序预订行程，之后马上就可以拿到移动通关口令和电子机票，此外你也可以在线挑选酒店。"零工经济"的兴起使得各种手机程序如雨后春笋般出现，帮助用户租车、租房、旅行等等。零售业变成了真正意义上的零摩擦成本，互联网成了全球商品和艺术品的交易中心。只需轻点鼠标即可浏览购买，几乎所有商品都能快递上门，供应链的优化加快了时尚用品的上市速度，客户服务都转移到了线上平台。在企业尝试电子商务和数字化交易的过程中，很多新的品牌诞生了，同时也有很多品牌（新老都有）被淘汰。

但是纵观所有这些案例，我们发现虽然他们的业务流程得到了优化，但是并没有出现革命性创新。换句话说，这些企业还是在用传统流程运营，只不过披上了数字化的外衣。当然，这些市场创新还是毋庸置疑地推动了企业、组织机构和个体行为的转变。

两次浪潮的影响

大部分生产效率的提升都受到组织机构中的传统信息技术部门的影响。采用数字化技术，改善了企业生产率，使工作变得更为高效。原来耗时不菲的人力工作在计算机上立刻就能完成，各行各业的用户体验都得到了极大优化。从 20 世纪 90 年代到 21 世纪伊始，首席信息官开始成为重要的创新推动力。例如思科公司每季度一次的虚拟发布活动，[7] 能以几乎实时的方式展现绩效，为企业带来了极大的灵活性和准确的商业情报。

大多数组织机构首先实现的是非实时业务部门（即管理部门）的数字化，这些部门的生产收益相对风险较低。人力资源等员工服务部门比较容易实现效率提升，财务部门的数字化也推行得比较早。在这些部门中，几十年的数据处理促进了后续技术的采用，如客户端/服务器应用程序、数据中心功能，一直到云解决方案的应用。使用客户关系管理系统的部门，其自动化客服系统也极大促进了组织机构的工作效率。企业网站的出现使客户可以通过网络便捷地了解、采购和接触企业服务。

一些高度依赖信息系统的行业，如金融行业，很早就开始推行核心业务部门的数字化，这是因为数字化带来的竞争优势非常明显。例如，采用高速交易系统之后，银行每毫秒的业务领先都能带来巨额利润。为此，它们很早就不惜代价地大举投资建设数据中心，不但扩大了公司规模，加快了发展速度，同时也为顾客带来了灵活和便捷的服务。

近年来，首席营销官逐渐成为很多大企业数字化转型的中坚力量。2016年，一份调查表明，在34%的大企业中，数字化转型活动是由首席营销官发起的。[8]这或许是因为企业中的其他部门，如销售、人力资源和财务部门早已利用客户关系管理系统和企业资源规划系统等工具完成了数字化，营销成了为数不多的尚未实现数字化的支持性部门。

上述转型带来的生产率收益不但可观，而且是可以衡量的。网络2.0时代的技术为组织机构带来的好处包括更快的内部沟通、更好的决策、更顺畅的供应链管理、更多的收入、更出色的顾客服务，以及更高的顾客满意度。

互联网及其之前的数字化浪潮的影响，可以总结为对现有业务功能的数字化。简而言之，它们只不过是把繁重的任务外包给了新的工作者——电脑。这两次数字化浪潮并没有从本质上改变被取代的流程，它们所做的仅仅是推出了功能更为强大的替代物。想想看，航空公司推出电子化订票服务，银行提供电子化账户信息和服务，沃尔玛实现数字化供应链，这些其实都是换汤不换药。

和达尔文雀族类似，数字化变革的前两次浪潮为各行各业带来的是新的环境适应能力，帮助它们更轻松更高效地利用现有资源。

对此，技术战略分析师、经验丰富的行业分析员迪昂·辛奇克里夫一语道破天机："数字化是使用数字工具实现自动化，对现有工作方式加以改进，而不是从根本上转变工作方式或制定新的游戏规则。而数字化转型更像从蛹化蝶的进化过程，从一种工作方式进化到另一种全新的工作方式，把企业旧的机体和运作方式彻底更新，摆脱传统业务因循守旧的模式，在脱胎换骨中创造出更大的价值。"

只靠投资于科技实现现有职能和流程的数字化并不能实现企业或行业的真正转型。用数学术语来表达，它只是一个必要条件，但不是充分条件。数字化转型需要对企业的核心竞争业务流程做出革命性改变。

药品行业就是一个很好的例子，沃尔格林和 CVS 开发的手机应用程序可以重新填写和核对处方，还可以通过电子邮件订购药物，为顾客提供了极大的便利。但在新技术应用上，它们也要面对市场后来者的破坏性创新，例如 2018 年初，当亚马逊、伯克希尔 – 哈撒韦和摩根等公司都宣布要进军药品市场时，所有医药保健公司的股票应声而落。

银行业素来在信息技术投资方面毫不吝啬，服务能力的提升和个性化产品的推出显著提高了客户满意度。即便如此，它们也要面对很多初创企业的竞争，如美国的 Rocket 抵押贷款公司和 LendingTree 金融服务公司，以及中国的蚂蚁金服和腾讯理财等服务。

由此可见，创新才是保持行业领先的唯一秘诀。嘉信理财集团总裁兼首席执行官沃尔特·贝廷格称："成功的企业总是自我革命。"[9] 早期预警服务公司（Early Warning Services）推出的 Zelle 电子支付服务就是一个很好的例子。这家公司拥有雄厚的金融界持股背景，其中包括美洲银行、BB&T 公司、第一资本、摩根大通、PNC 金融服务集团、美国银行、富国银行等。Zelle 服务是金融界面对非传统竞争产品大量出现做出的响应，此类产品包括贝宝（PayPal）旗下的 Venmo、苹果支付和谷歌支付。据悉，全球数字化支付市场已经达到了 2 万亿美元的规模。自 2017 年该服务推出以来，Zelle 已超越 Venmo 成为美国交易量最大的数字化支付服务提供商。[10]

进化适应

数字化转型是推动全新工作方式和思考方式的破坏性进化。这一过程需要企业各部门为实现新型工作方式做出全面转型。因为传统企业高度依赖现有的工作模式，难以推动激进的新工作流程，我们发现很多传统企业在数字化转型中都遭遇了失败，成为市场中的牺牲品。

其实这也是数字化转型令人谈虎色变的原因，企业必须抛弃自己熟悉的模式，转而投资充满风险、尚未得到验证的新模式，这怎能不让它们感到害怕？很多公司甚至不愿承认它们正在面对生死攸关的市场变化。克雷顿·克里斯滕森对此有一个很形象的比喻，称其为"创新者的进退维谷"——企业之所以会创新失败是因为他们要转变重心，从关注熟悉的业务变成涉足陌生的领域。

他们的威胁常常来自那些勇于使用新工具、新技术和新流程，毫无历史包袱的企业。有时，这种威胁也会来自目标清晰、重点突出的竞争对手。通常，这种威胁是由创始人领导的公司带来的，如杰夫·贝佐斯领导的亚马逊、埃隆·马斯克领导的特斯拉、里德·哈斯廷斯领导的奈飞，以及布莱恩·切斯基领导的爱彼迎。当然，如果当前很多公司的首席执行官也具备类似的远见和敢于创新的魄力，他们也会成为裹足不前者的潜在威胁。

成熟的大型企业不喜欢冒险。既然现有流程毫无问题为什么要搞创新呢？当苹果公司推出苹果手机时，诺基亚、RIM 等大牌厂商对此不屑一顾。[11] 苹果公司当时的经营岌岌可危，只能靠产品创新冒险一搏，而诺基亚和 RIM 则毫无危机感，认为不需要创新。现在回过头来看，谁才是赢家呢？再想想看，从亨利·福特不用马拉车的构想、沃尔玛兼并 Main Street（美国一家连锁超市）的创举中，我们又会得到怎样的启发呢？哦对了，现在就连沃尔玛也要被亚马逊干掉了。

还记得大氧化事件中氰基细菌和氧气是怎样创造出全球有氧呼吸的全新局面吗？如今，云计算、大数据、物联网和人工智能也在共同打造新的流程。每一次大灭绝都是新物种繁荣的开始，转变企业的核心能力意味着取消关键部门并实现革命性创新，这才是数字化转型的根本目标。

能够在数字化转型时代生存下来的企业是那些不择手段去求生的公司，也是那些善于在环境高度变化和资源时常波动的条件下依然表现坚挺的公司。如果某个公司只能靠单一资源生存，那么它肯定无法在数字化转型时代生存，因为它无法预见机遇，不会革命性创新，不能向核心业务中注入新的生命。

数字化转型的现状

如今，数字化转型无处不在，俨然成了当下最为时髦的热词。在谷歌上搜索"数字化转型"你看能到多少条结果？我搜到的是 2.53 亿条。像"十大数字化转型趋势"这样的新闻标题简直到处都是。仅 2017 年，全球就举行了超过 20 场数字化转型会议，这还不包括各种数字化转型圆桌会议、论坛和展会活动。数字化转型已经成了人人探讨的大众话题，各种企业高管、政府领导、政策人士和学术界对此更是倍加关注。

数字化转型还有很多不同的表达名称，其中最为人们所熟悉的是"第四次工业革命"。前几次工业革命的标志是创新技术（分别是蒸汽机、电力、计算机和互联网）的大规模采用和在生态系统中的广泛分布。如今人类正在接近一个类似的引爆点，即云计算、大数据、物联网和人工智能的聚合正在推动网络效应的形成，催生指数级的巨大变革。[12]

也有人把数字化转型称为"第二次机器时代"。麻省理工学院教授埃里克·布林约尔松和安德鲁·麦卡菲认为这次机器时代的核心之处在于，长久以来习惯于按照指令工作的计算机如今可以自主学习了。计算机被大量用于分析预测模型，未来必将对整个世界产生深远的影响。放眼当下，电脑可以用来诊断病情、驾驶车辆、分析供应链故障、照顾老人、与人类对话——可以说只有我们想不到的，没有电脑做不到的。第一次工业革命使人类掌握了机械力量，上一次工业革命使人类掌握了电子力量，在数字化转型时代，人类将掌握思维力量。[13]

这又让我们想起间断平衡理论。根据这一进化理论，经济稳定期总是毫无征兆地被中断，给社会带来根本性变化。此次数字化转型浪潮的重大不同之处在于其变革速度惊人。1958年，标普500强企业的平均寿命超过60年，而2012年的平均寿命还不到20年。[14] 曾经辉煌一时的知名企业，如柯达、睿侠（Radio Shack，美国著名电子产品零售商）、通用汽车、玩具反斗城、西尔斯和通用电气，在数字化浪潮的冲击下纷纷溃败并跌出标普500强名单。未来，数字化转型势必加速这一破坏过程。

受这种破坏力的影响，数字化转型正迅速成为全球企业界的关注目标，无论董事局、行业会议还是公司年报都对此高度重视。经济学人情报组（The Economist Intelligence Unit）近期调查发现，40%的首席执行官都把数字化转型作为董事会的首要议题。[15] 尽管如此，这些企业高管并没有在数字化转型问题上达成一致的意见。

重视数字化转型的企业管理者明白，公司要想求得生存就必须经历根本性转变。为此，他们做好了积极应对的准备。

例如福特汽车的首席执行官吉姆·哈克特最近公开表示："福特会深化企业对数字化环境的适应力，做好准备应对破坏性创新的挑战。毫无疑问，我们已经进入了这个破坏性时代，我们总是谈到破坏性创新，但是并没有真正理解它的含义。它就像半夜溜门而入的窃贼，稍不注意就会把你偷个一干二净。面对随时可能降临的破坏性挑战，任何企业都不能坐以待毙，而是应当未雨绸缪。"[16]

耐克公司首席执行官马克·帕克表示："在业务转型的推动下，我们正在通过创新、快速行动和数字化等方式获取新的增长机会，以实现长期可持续的盈利性增长。"[17]

公共服务领域也有积极投身数字化转型的案例。美国国防部投资数千万美元成立防卫创新局，在总统的支持下与硅谷和商业科技行业建立合作关系。防卫创新局的目标是为拥有知识产权的技术型创业公司提供资助。它资助的数字化转型项目包括可为美国部队提供地面行动实时影像的微型卫星发射系统、使用人工智能识别和处理代码漏洞的自愈软件、基于人工智能模拟的飞行测试系统、人工智能库存和供应链管理系统，以及应用人工智能对军机进行预测性维修并提前发现潜在故障的系统。[18]

在欧洲，法国电力企业法能能源公司（ENGIE）把数字化转型视为重要的优先战略目标。该公司认为："一场由能源界和数字化技术推动的新型工业革命已经开始了。"[19] 在首席执行官伊莎贝拉·高珊的大力支持下，法能对其所有业务和服务部门实施了全面转型。其中包括：数字化账单系统和客户能源自管理系统，利用智能传感器分析节能效果，优化可再生能源生产，以及建立由数据科学家、程序员和行业分析师组成的数字化工厂，在整个企业范围内宣传数字化转型技术的应用。[20] 对于法能的案例，我会在后面的章节做详细说明。

当然也有眼界狭隘的企业，把数字化转型简单地看作公司的下一步信息技术投资或是下一波数字化浪潮。例如，一些企业高管把它当作增强客户互动的新方式。2018 年初，IBM 的一份调查报告表明，"68% 的企业高管希望公司强调客户体验而不是产品。"在被问及哪些外部因素会对企业产生最大影响时，高管们都把改变客户喜好作为首选答案。[21] 显然，这种狭隘的观点既缺乏说服力又十分危险。

更危险的是，一些首席执行官甚至没有意识到数字化转型的意义。他们或许知道数字化转型这回事，但觉得用不着大惊小怪。2018 年，一份调查表明，有三分之一的企业高管认为数字化转型对其所在行业影响甚微或毫无影响，近一半的人认为没必要急着做出应对或转型。[22] 他们要么没有意识到这场大规模变革对企业的影响，要么对这场风暴即将展现的巨大威力一无所知。

而有些企业执行官则把数字化转型视为公司要面对的重大风险。对企业来说，规模大并不能保证其经营的稳定性和长久性。如果大企业不及时转型，经营更为灵活的小型公司将会取而代之。摩根大通首席执行官杰米·戴蒙在 2014 年公司年会上不无警醒地表示："硅谷正在大举入侵，数以百计的创业公司正带着大量人才和风投资金开发出各种新式金融产品。当我们还忙着搞企业贷款时，它们正在把业务快速延伸到个人用户和小微企业，通过运用大数据技术有效推动信贷承销。"[23] 目前，摩根大通已经开始破冰之旅，在拥有 1000 位员工的帕洛阿托园区进行数字化转型尝试。

约翰·钱伯斯曾任担任思科的董事长兼首席执行官长达二十多年，

卸任后，他在一次主题演讲中大胆预测："很不幸，今天在座的各位，40%的人的公司在未来十年内将会不复存在。我不知道大家有没有吓出一身冷汗，反正我是感到如履薄冰。"[24]

本书的目标是为大型企业，即那些不转型就会被淘汰的行业老字号提供可行的行动指导。具体做法是分析业内领先企业是如何正确认识数字化转型蕴含的机遇，以及如何利用云计算、大数据、物联网和人工智能等重要技术来推动核心业务的数字化转型。

杰弗瑞·莫尔对辅助部门和核心业务部门的解释模型可以帮助我们理解为什么必须在核心业务领域展开转型。[25] 莫尔认为创新周期与企业的关键流程和支持流程都有关联。"核心"指的是企业有别于其他公司，可以赢得顾客的特别之处。"辅助"则包括除核心之外的其他所有内容，如财务、销售、营销等。无论企业多么努力，在辅助部门中投入多少资源，都不可能创造竞争优势。任何企业都无法背离这一规律。莫尔认为：

> 核心是指企业有别于竞争对手的，投入了大量时间和资源的业务领域。它可以让企业得到更多的收入和利润，吸引顾客关注自己而不是竞争对手的产品或服务。核心可以为企业带来议价能力，是顾客想从你这里得到且竞争对手无法提供的东西。[26]

在其作品《对话达尔文》[27]（*Dealing with Darwin*）中，莫尔使用老虎伍兹的例子来说明核心业务部门和辅助部门的区别。人人都知道老虎伍兹的核心业务是打高尔夫球，广告营销活动是他的辅助业务。虽然广告营销能为伍兹创造惊人的收入，但是没有核心能力（打高尔夫球）的话就根本谈不上辅助业务（广告营销）。辅助（业务）可以推动和支持核心（业务）的运行，但是只有核心（业务）才能成为一个企业的竞争优势。或者我们可以这样来理解，凡是可以外包的都是辅助业务，而核心业务则是企业秘而不宣的知识产权。

如今，大部分企业和行业早已对辅助业务实现了几乎全面的数字化转型。但是它们的核心部分还没有实现数字化。企业核心部分的数字化，并不是旧酒换新瓶那么简单。数字化核心业务才是真正的转型，这种数字化转型要求企业对核心流程和能力进行彻底的改革，即必须摒弃某些职能或部门，以完全不同的方式更快更好更高效地完成同样的工作，或者是干脆推出新的产品或服务，而不是用换汤不换药的做法自欺欺人。

由于数字化转型直击企业核心能力，这种变革必须深入到组织机构的每一个毛孔，不能只靠信息技术部门、营销部门或其他业务部门来推动和完成。换句话说，管理者不能把这种转型视为技术升级投资，或是帮助特定业务流程或部门解决问题。它需要从根本上转变企业的商业模式和商业机遇，必须由首席执行官进行自上而下的强制性推动。

我在过去四十多年中目睹过很多企业的技术采用周期。这些创新活动由信息技术机构推动，旨在提高企业的绩效表现和生产率。经过数月或几年的努力，经过反复尝试和评估，这些创新活动赢得了负责技术采用工作的首席信息官的关注。在此过程中，首席执行官会定期收到关于创新活动的成本和表现结果的汇报。

在21世纪的数字化转型中，技术采用周期是完全颠倒的。我现在观察到的情况是，企业数字化转型几乎无一例外都是由首席执行官发起和推动的。富有远见的首席执行官往往个人承担起推动变革的重任。这在信息技术发展史上是史无前例的，甚至在商业发展史上也是史无前例的。如今，首席执行官强制推动的数字化转型可以说直接决定着企业发展的路线和前进目标。

要实现这样的变革，整个组织机构都必须行动起来。上至首席执行官和董事，下至各部门和一线员工，人人都必须有明确的转型意识。没有高度团结、万众一心的意志，数字化转型很难实现。

正因为如此，未来转型成功的企业将会是那些既注重改革业务流程和部门等细节，又能够从整体上把握数字化创新的公司。这些企业高度重视转型，会成立"精英部门"汇集数据科学家、商业分析师、程序开发员和公司一线经理共同参与。精英部门可以围绕数字化转型整合企业的所有资源，团结貌合神离的部门，为员工提供必要的技能（培训）以推动目标的实现。例如，法能能源公司首席执行官伊莎贝拉·高珊曾组织高管团队推动企业转型。在团队的协力作用下，公司的发展战略得到更新，数字化价值创造开始成为企业一项新的商业目标。

我合作过的其他公司首席执行官，希望通过情景问答的方式参与未来破坏性创新活动。他们经常思考的问题包括："我们的顾客真正想要的是什么？他们是否需要我们的产品或服务？数字化竞争对手能否提供更好的产品和更低的价格？"情景问答可以帮助他们打破僵化思维，把投资分配到未来的数字化转型活动中。

利用情景问答法，某保健公司首席执行官为其产品线成功设计了数百种下一代应用程序改善方案。当需要人才推动这项高管活动时，首席执行官可以招募首席数字官等，为其提供权限和预算以实现数字化转型。

时不我待，马上出发！

数字化转型指数（digital transformation indice，DTI）汇集了来自世界各地的数据，它能反映出企业及其高管对数字化转型是否做好了充分的应对准备。戴尔数字化转型指数对4600家企业管理者在数字化进程方面的表现进行了排名。[28] 麦肯锡全球研究院行业数字化指数以数字化和数字化转型程度为依据，对美国所有行业的表现进行了评比。[29] 德国的工业4.0成熟度指数注重对制造业企业的评估。这些指数无一例外地证明了我们目前已知的观点：实现数字化转型和未实现数字化转型的企业和行业之间的差距非常明显，这种差距未来将会以指数级放大。

在2015年的一份深度报告中，麦肯锡全球研究院对数字化程度最高的行业和其余行业之间的差距进行了量化对比。结果发现："尽管很多行业开始在匆忙中大量采用新的数字化技术，但大部分行业的数字化差距在过去十年中并未被缩小。"

> 落后行业和领先行业在数字化领域相差近15个百分点。处于领先地位的企业既赢得了市场份额又实现了利润增长，有些公司甚至制定了对自己有利的新的行业标准。但很多公司还是难以实现快速转型。在数字化程度最高的行业中，劳动者享受到了两倍于全国平均水平的薪资增长。相比之下，美国大部分工作者只能面对收入增长停滞和前景不明的黯淡未来。[30]

由此可见，转型失败的风险不可谓不高。根据罗兰贝格战略顾问中心的预测，截至2025年，欧洲要么实现工业总产值增长1.25万亿欧元（即转型成功）的目标，要么将面对6050亿欧元的价值损失（即转型失败）。[31]

错过了这班车，也许你就再也跟不上了。

从乐观角度来看，同时也是为了呼应本书的主题，上述指数表明未来同样存在着巨大的发展机遇。处于数字化转型早期阶段的某些行业，如保健和建筑行业，可能是经济增长的巨大动力。麦肯锡报告指出："我们预计仅凭三大潜在行业领域，即在线人才平台、大数据分析和物联网的数字化即可在2025年带来2.2万亿美元的GDP年增长。实际增长可能比预计的还要乐观。"[32]

如同我们即将在后面几章所介绍的，各种工具和资源的出现正在推动组织机构踏上数字化转型之路。如今，企业可以利用亚马逊 AWS 云、微软 Azure 云、IBM Watson 云和谷歌云等成熟的云计算平台推动其转型进程。

随着企业高管对破坏性创新的日益了解，他们开始逐渐摸索应对这场风暴的方式，数字化转型咨询业务得到了迅速发展。仅数字化转型咨询市场本身，价值就高达 230 亿美元。麦肯锡、波士顿咨询公司、贝恩咨询等公司都成立了新的数字化业务咨询部门，还有很多企业选择收购数字化设计公司以强化其相关业务能力。新型利基市场咨询公司（niche consulting firms）纷纷成立，大家都在关注数字化转型业务。[33]

自互联网出现以来，数字化咨询市场已经历了连续几次数字化浪潮。在第一次浪潮中，咨询公司帮助企业搭建了数字化平台。进入网络 2.0 时代，咨询公司开始关注互动式设计和顾客体验。如今，面对数字化转型浪潮，咨询公司要帮助企业使用数据重建商业模式。在企业和顾客如何互动、如何与技术伙伴协作、如何应对破坏性创新等方面，我们将会不断看到这种转变（见表 2-1）。

表 2-1 数字化转型将创造数万亿美元的价值

潜在经济影响

全球商业和社会价值增长	时间范围	数据来源
100 万亿美元	2016～2030 年	2016 年世界经济论坛

全球 GDP 年增长		
15.7 万亿美元（受人工智能技术推动）	截至 2030 年	2017 普华永道咨询公司
13 万亿美元（受人工智能技术推动）	截至 2030 年	2018 麦肯锡咨询公司
11.1 万亿美元（受物联网技术推动）	截至 2025 年	2015 麦肯锡咨询公司
3.9 万亿美元（受人工智能技术推动）	截至 2022 年	2018 高德纳咨询公司

注：尽管各公司/机构对全球经济受数字化转型的影响估算并不一致，但主要研究机构预测的年产值都是以万亿美元为单位的。

另一方面，各国政府也在寻求转型和保持竞争力。实际上，长期以来各国一直都在人才、就业机会、优秀企业、新技术方面展开竞争，以赢得经济增长。随着城市化逐渐成为公共服务领域的重要推动力，这种竞争只会加剧。未来会有更多人向城市迁移（预计 2050 年，全球 68%的人口将生活在城市），水电能源等公共基础设施和资源会不堪重负。[34] 数字化转型可以帮助政府紧随时代变化，推出更高效的服务并最终推动"数字化城市"的实现。数字化城市围绕一体化基础设施设计，可通过电子运输、电子保健和电子政府等服务更好地解决交通、能源、维护、服务、公共安全和教育等问题。[35]

关注这一目标的政府正在努力确保下一次数字化转型浪潮出现在自己国家。为此，它们正在加大相关领域的研发投入，鼓励数字化技术方面的高等教育，向数字化转型企业提供优惠发展政策。这样的案例有很多：

- 新加坡最新的十年大师计划高度依赖数字化技术。"人工智能新加坡"（AISG）计划是一项全国性计划，旨在通过研究机构、人工智能初创企业和研发人工智能产品的大公司催化新加坡的人工智能产业。[36]
- 阿联酋 2021 全国创新战略计划。该计划以发展人工智能、软件和智能城市为核心目标，鼓励在各个行业采用新技术。[37]
- 阿姆斯特丹智能城市计划。该计划的重点是拓展移动性、基础设施和大数据。具体行动包括使用 GPS 数据实时管理交通流量、优化垃圾回收装运、使用手机支付程序取代停车计时器等。[38]
- 中国的十三五计划。该计划将对下一代人工智能和互联网进行重大投资，以推动其在国际领域的领先地位。[39]

和企业界一样，在各级管理中运用人工智能、大数据、云计算和物联网技术的政府将会实现重大发展，未能实现数字化转型的国家的发展将会难以为继。

学术界也不例外。随着数字化转型的范围逐渐扩大，大学院校开始加入进来。2018年初，麻省理工学院启动了麻省理工智力探索活动，旨在"发现人类智慧的基石，推动技术工具的发展以积极影响社会生活的各个领域。"意识到数字化转型将会对人类社会产生的深远影响，麻省理工学院表示此次活动的成果将产生"可在科研活动中广泛使用的实用工具，如疾病诊断、药品研发、材料加工设计、自动化系统、合成生物学以及金融服务等。"2018年10月，麻省理工学院宣布向新成立的运算学院投资10亿美元，对人工智能方向展开重点研究。

以数字化转型为方向的高管教育课程、硕士学位课程和工商管理硕士等课程正在大量涌现。例如哥伦比亚大学商学院的数字化商业管理课程，旨在"培养企业管理者引领数字化转型的管理能力。"[40]哈佛商学院针对"如何推动数字化战略"开发了一整套高管课程。[41]麻省理工学院斯隆商学院的"数字化经济活动"课程推出了一系列研究、高管培训和工商管理硕士课程，以探索数字技术对商业、经济和社会的影响。[42]

上述课程的开放性彰显出数字化转型的一个重要特征，即其不断变化的内在本质。波士顿大学教授杰拉德·卡恩这样写道："（数字化转型）是一个永无止境的过程，至少在可以预见的未来是这样。各种新的技术类型，如人工智能、区块链、自动驾驶车辆、增强虚拟现实等，会在未来一二十年内得到广泛应用，再一次从根本上改变人类生活的未来。当你刚开始适应当前的数字化环境时，却不知它可能已经发生了深刻的变化。"[43]

数字化转型需要企业紧盯潮流趋势，不断进行实验和环境适应。此外，学术机构也在不断开发相关课程，帮助当前和未来的企业管理者掌握新的技能。

数字化转型的未来

数字化转型的未来将会怎样？在我看来，这场转型显然对商业和社会具有巨大益处，其进步影响力堪比一场新的工业革命。这些新技术将会推动经济增长，增强包容性，改善环境，延长人类的寿命和提高生活质量。2016 年，世界经济论坛调查表明，数字化转型将会对各个行业产生深远影响。这种影响不只是经济和工作机会的增长，同时也会带来环境方面的改善，"预计未来十年可在商业和社会领域创造约 100 万亿美元的经济价值。"[44]

数字化转型可以在很多方面改善人类生活，例如：

- 医学领域：疾病的早期发现和诊断、基因预防型治疗、机器人实施的高精度外科手术、按需保健和数字化保健、人工智能辅助诊断，以及治疗成本的大幅下降。
- 汽车行业：车辆自动驾驶、降低事故和伤亡率、减少酒驾、降低保险费，以及降低碳排放。
- 制造业：3D 打印和按需加工可实现费用低廉的规模化定制，分销成本极低或完全不存在。
- 资源管理和可持续发展领域：资源按需分配、最小化废弃物排放、缓解环境压力。数字化转型甚至可以将废弃物排放和资源使用与经济增长完全分离。

这样的领域还有很多，数字化转型的好处有许多甚至是我们在当下完全无法想象的。[45]

我们可以来看看对生产率增长方面的影响。自 2008 年经济大衰退之后，美国人均经济产出一直处于增长停滞状态。数字化转型的出现可以让企业使用机器学习、人工智能、物联网和云计算等技术，这样即使是小微企业也能从中受益，有效提高员工生产率，扭转发展停滞的趋势。[46] 目前我们还无法准确衡量数字化进程为国家经济带来的价值。"乍一看，像维基百科、Skype 和谷歌等免费服务似乎并不能增加生产总值。但是仔细了解的话，你会发现它们的确可以创造新的价值。"曾为信息技术创新企业开发价值衡量模型的麻省理工学院教授布林约尔松如是说。通过这种模型，他发现在线网络和数字化服务等破坏性创新商业模式每年可创造 3000 亿美元的价值，而这些价值并未体现在任何统计或商业评论中。[47]

我们必须承认，如此重大的变革必然也会具有潜在的负面影响。尽管布林约尔松时常强调数字化在提高整体生产率方面的巨大优势，他同时也指出这会造成经济增长和就业创造方面的"大断链"（great decoupling）现象。虽然数字化在过去 15 到 20 年中带来了可观的经济增长和生产率提升，但调查表明，美国的中位收入和就业增长率却陷入了停顿。究其原因，这是因为技术在提高生产率方面发挥了重要作用，很多人类的工作被机器取代了。

有人认为这不过是一场短期震荡，在历史上曾经多次发生。当工作者调整技能，学会如何利用新技术工作时，就业情况就会出现反弹。根据哈佛经济学家劳伦斯·卡茨的观察，没有先例表明工作会被永久性淘汰。工作者学习新型工作所需的专业技能可能要花费数十年时间，卡茨认为："我们的工作不会消失，并不存在人类工作被消灭的长期趋势。从长期来看，就业率会保持稳定，人们总是会创造新的工作，总是要有新的任务去完成。"[48]

当然，这么说并不意味着我们就可以坐等工作机会的到来。从全社会的角度来看，我们必须重新理解教育的概念，提供更为机动灵活的劳动力培训计划，以匹配数字化经济时代对人才的要求。在未来 5 年中，35% 的重要工作技能将会发生改变。我们必须大力投资教育和基础研究，吸引更多的技术型移民，必须解决数字化技能供需失衡的问题。这就意味着，我们不但要重视具体技能的培训，如编程，还必须注重数字化时代推动机器工作所需的其他方面的能力，如创造性、团队意识和问题处理能力等。

2016 年世界经济论坛白皮书对数字化转型的描述如下：

> 机器人和人工智能系统不但可用于取代人类工作，还可以强化人类的技能（如外科医生利用高级机器人做精密手术）。这些趋势会带来新的挑战，迫使组织机构对员工进行技能再培训，确保他们能够有效地利用新技术开展工作。技能再培训对于充分发挥技术增强的潜力至关重要，它既可以提高生产率又可以缓解自动化造成的就业机会减少问题。[49]

为了促进创业行为、鼓励新企业的成立，相关规定和公共政策也要跟上。政府应重新思考反托拉斯法和税务政策，同时鼓励技术型移民的迁入。

虽然无法准确预言数字化转型影响的方式和领域，但我们可以确定这场变革的规模是极其宏大的。在某些领域，它会威胁到一些产品、企业甚至整个行业的生存，如百科全书、电话黄页、旅行社、地方性报纸和书店。数码相机的出现直接导致胶卷和摄影公司被无情淘汰。如今，出租车行业正在面对来福车和优步等共享出行服务的挑战，综合商场和零售店正在被兴起的电子商务取代。

在另外一些领域，破坏性创新催生出新的附属市场。以爱彼迎为例，这家公司刚成立时很多人认为它会彻底颠覆酒店行业，因为旅行者更愿意选择私宅而不是千篇一律的酒店房间。但事实表明，酒店业务并没有出现下滑，仍然是一片红火。同时，爱彼迎的业务也实现了强劲增长。实际上，爱彼迎的影响体现在其他方面，它使社区内可用民房的数量出现了下降，从而潜在地推高了房屋的租赁价格。换句话说，爱彼迎表面上是在和酒店竞争，实际上却是在和房屋租客竞争。对此，记者德里克·汤普森这样写道："这难道是爱彼迎的本意吗？恐怕不是。但是这样的结果却不可避免地出现了。可以说，这是一个值得思考的破坏性创新案例。爱彼迎从事的是转型旅行业务，很多人都没有预测到这种转型会导致的结果，无论这种结果是好还是坏。"[50]

银行业的情形也富有启发意义。在每一次技术创新浪潮中，银行总是会投资以获取价值。我们可以看到，零售银行开始推出代理服务，网上支付变得日益普及，信用卡、水电账单和金融理财产品正在成为银行的标准服务。

还有酒店和航空业，以前用户要到Expedia、Hotels.com、Orbitz、Kayak和Trivago等网站预订房间和机票。现在数字化转型为这些行业创造了更大的价值，通过手机程序预订，用户不但能享受到更大的折扣和更多样化的选择，同时用户和企业之间的关系也得到了强化。

综上所述，本书的观点是数字化转型将为人类社会带来深远的影响，尽管这种影响不一定是当下可以预测或衡量的。显而易见，云计算、大数据、人工智能和物联网等技术将会成为推动数字化转型广泛实现的重要基石。

DIGITAL
TRANSFORMATION

|第三章|

信息时代加速

当今时代,首席执行官和企业高管们必须比以往任何时候都更加深入地了解推动数字化转型的技术。原因何在?和之前的技术应用浪潮相比,我们发现数字化转型是一场深入到组织机构核心的变革。比方说,如果你是一家汽车制造商,你的根本业务到底是造车,还是为顾客提供运输和机动性?更重要的是,你的知识产权关注的是超级车辆设计,还是根据实时遥测和车辆生成的使用数据反馈出来的基于人工智能的自动驾驶算法?无论身处哪个行业,管理者都必须认真思考这些问题,仔细审视这些技术会怎样深远地改变市场面貌和企业经营方式。

这是一场风险与机遇并存的豪赌,失败的企业会被扫地出局,成功的企业会得到丰厚回报。根据我个人的经验,大型企业部署人工智能和物联网应用的年经济价值高达数亿到数十亿美元之间。以荷兰皇家壳牌为例,这家公司在全球50多万个炼油厂阀门中安装了人工智能型预见性维护程序,每年预计可产生数亿美元的经济效益,不但显著降低了维护成本，同时也提高了运营效率。未来，壳牌公司计划在其全球上游、中游和下游业务中部署更多的人工智能型应用，由此带来的年收益预计可达数十亿美元。

实施数字化转型意味着你所在的组织机构必须在所有部门开发、部署和运营数十个、数百个甚至上千个人工智能应用和物联网应用。其中包括人力资源部门、客户关系部门、财务部门、产品设计部门、维护部门、供应链管理部门，等等。可以说，这是一场360度无死角的全面变革，没有任何一个部门或流程可以"独善其身"。正因为如此，企业高管才必须深刻了解这些新技术。

我认为了解这些技术可以帮助企业管理者和内部技术人员进行深入讨论，有利于他们选择可以帮助企业成功转型的正确的技术合作伙伴。这样做可以带来可观的经济价值，能够帮助企业淘汰不合格的技术合作伙伴，砍掉无法创造价值的内部项目。

本章我们会简要说明推动数字化转型的四种关键技术，它们分别是云计算、大数据、人工智能和物联网。希望对此进行深入了解的读者，特别是直接负责数字化转型活动的企业管理者，可以进一步阅读后面四章对每一种技术的全面介绍。

令人气馁的挑战和经过验证的解决方案

很显然，推动数字化转型的技术正在改变游戏规则。我们尚处在这场变革的初期阶段，尽管潜力无穷，但是在企业内部全面开发和升级人工智能和物联网应用会是一项令人感到气馁的巨大挑战。

企业需要具备的基本能力，是快速增长的拍字节（petabyte，一百万吉字节）规模数据集的聚合和处理能力。这些数据源源不断地从数以千计的不同的传统信息技术系统、互联网，以及拥有数百万传感装置的物理网络中汇集而来。以《财富》500强的某制造业公司为例，它的信息系统每天要处理来自5000多个分散系统的超过50拍字节的海量数据，这些系统涵盖客户、经销商、投诉、订购、定价、产品设计、工程、规划、制造、控制系统、财务、人力资源、物流和供应商等诸多职能和部门。数据内容从收购兼并到产品线，从地理位置分布到顾客互动渠道（如网络、店面、呼叫中心、现场等），呈现出高度碎片化特征。公司产品中内嵌的数以亿计的传感器可以以1赫兹（即每秒一次）或更高的频率发射读数，每天可生成以万亿级为单位的数据集。

就在十年前，企业转型所需的这些数据的汇集、关联和价值挖掘技术尚不存在。如今，廉价传感器（单价还不到1美元）以及通过高速网络互联的信用卡大小的人工智能超级电脑的普及，为组织机构转型为实时适应型企业提供了基础设施。根据麦肯锡咨询公司的预测，到2030年，云计算、大数据、人工智能和物联网的聚合每年将会创造高达23万亿美元的商业价值。[1]

组织机构要面对的重要挑战是，怎样才能更好地整合和利用这些技术以创造显著价值，为投资带来利润回报。眼下，我只能说实施数字化转型的企业拥有重大利好，如今有强大的工具和专业知识来加速数字化转型进程，可以确保企业在未来能取得成功。对于这个问题，我会在第十章"新技术栈"中详细说明。

云计算

云计算是推动数字化转型四大技术中的第一项技术。没有云计算技术，数字化转型根本就无法实现。云计算是对可配置软硬件资源池（包括计算机网络、服务器、数据存储器、应用程序和其他服务）进行访问共享的模型。通过互联网，用户不需要任何管理经验也能快速访问云计算提供的各种资源。这些资源可以归某机构专有专用（即私有云），也可以由第三方所有，互联网用户以付费形式使用（即公共云）。

云计算的表现形式是根据需求从第三方供应商租用计算和存储资源，亚马逊推出的亚马逊网络服务部开创了云计算的先河。该部门成立于 2002 年，当时是亚马逊公司为程序开发员提供的内部服务。2006 年，随着弹性计算云（EC2）和简单存储服务（S3）的出现，云计算服务开始成为公共产品。截至 2020 年，公共云计算的市场价值预计可达到惊人的 1620 亿美元，此时距该技术诞生才 15 年。[2] 预计 2022 年，仅亚马逊 AWS 云这一项的年收入即可增长至 430 亿美元。[3] 除此之外，来自微软和谷歌的云计算服务正在加大竞争力度，促使计算和存储服务的价格几乎趋近于零。

云计算服务提供商可以在全球安全可靠的数据中心网络中运行数量巨大的服务器和存储设备，从而多快好省地完成任务，这使得越来越多的组织机构开始快速转移传统应用（工作量），把企业数据中心的工作转移到公共云。

很多首席信息官坦言，面对这一趋势，传统信息技术数据中心将会在未来十年内彻底消失。[4] 这一猜测甚至得到了行业调研数据的支持。思科公司预测，到 2021 年，企业 94% 的工作量将会通过云数据中心处理，73% 的云工作量将转移到公共云数据中心。[5]

企业关闭数据中心的消息已经屡见不鲜。总部位于罗马的意大利国家电力公司（Enel）关闭了拥有一万台服务器的 23 个数据中心，涉及 30 个国家的业务范围。此外，该公司把 1700 个传统应用压缩到 1200 个，然后将它们迁移到亚马逊 AWS 云计算平台。目前，包括奈飞、优步、德意志银行等在内的很多企业都在把大部分或全部信息技术运营业务转移到公共云。[6]

虚拟化和封装器

虚拟化是推动云计算实现规模经济效益的一项重要技术创新。在以前的传统数据中心,硬件的大小和配置都是按照可以处理峰值需求安装的。很多机构都是根据预计的最高计算需求,采购、安装必需数量的服务器和存储器,结果发现这种最高的计算需求很少出现,通常只会发生在相对较短的时期(例如季末的订单集中处理)。这就导致数据中心在很大程度上是闲置的,硬件利用率极低,平均还不到十个百分点。虚拟化使多重模拟环境和单个物理硬件系统专用资源成为现实。封装器是另一项重要创新,它实现了物理资源的有效共享。封装器是一种轻量级、独立式的可执行程序包,其中囊括了程序运行所需的所有内容,如代码、运行时间、系统工具和库,以及设置信息等。使用虚拟化和封装器在不同应用程序中共享硬件,为用户带来了显著的使用率增长和成本削减(见图 3-1)。这些优势可以转化成巨大的经济价值,推动了企业对亚马逊 AWS 云、微软 Azure 云、IBM 云和谷歌云等公共云计算平台的广泛采用。

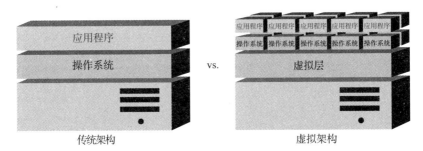

图 3-1 虚拟化可极大提升硬件使用率

注:虚拟化可实现基础设施资源在多个应用程序中的共享,从而显著提升硬件设备的使用率。

XX 即服务（硬件／平台／软件即服务）

云计算一开始是在独立软件开发人员和企业软件开发人员中使用的，目的是节省前期投入的时间和成本，降低获取、开发和管理可升级和可靠性硬件基础设施的难度。开发人员喜欢使用云模式是因为它可以让工作者重点关注软件开发，其他方面的问题则交给云系统服务商处理，如提供硬件设施（硬件即服务，infrastructure-as-a-service，Iaas），保证系统的可升级性和可靠性。

今天的云系统平台是充满弹性的，它们会动态地根据应用程序所需的资源量对其计算设施自动进行取舍。这样会极大地帮助开发人员和信息技术团队，不用再浪费时间进行软硬件安装配置、打系统补丁、操作分布式数据库集群，以及针对升级需要对数据做分区处理等琐碎的工作。用户只需为其实际使用的云资源付费（见图 3-2）。

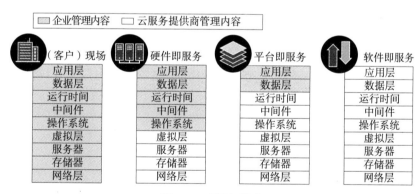

图 3-2 云服务模式

注：XX 即服务：云计算服务提供商可为企业提供从硬件设施到软件在内的各种资源的使用访问权限，形成"XX 即服务"模式。

云产品如今可以超越硬件即服务层次，发展到应用开发平台层次（平台即服务，platform-as-a-service，PaaS）和软件应用层次（软件即服务，software-as-a-Service，SaaS）。PaaS 产品可提供开发、部署、操作和管理软件应用程序的开发工具和服务。除了管理底层硬件基础设施（服务器、存储器、网络层和虚拟层），PaaS产品还能管理应用程序所需的额外的技术组件，包括运行环境、操作系统和中间件等。

SaaS产品是通过互联网提供的全面预建型软件应用程序。软件即服务提供商负责提供和管理整个应用，包括底层硬件设施、安全、操作环境和系统升级。SaaS产品免去了用户自行采购、安装、维护和升级软硬件的成本和麻烦。SaaS产品通常允许用户针对其具体需要对应用程序设置进行不同配置，如定制数据字段、工作流和用户访问权限等。

多云和混合云

如今很多首席信息官意识到，企业必须依靠多个云服务商以降低系统应用风险（即避免出现服务商锁定现象），同时尽量应用公有云服务提供的优势。多云指的是在单个异质化硬件设施中使用多个云计算服务（见图3-3）。[7]例如，某应用程序可以使用微软Azure云的存储服务、亚马逊AWS云的计算服务、IBM Watson云的深度学习服务，以及谷歌云的图像识别服务。

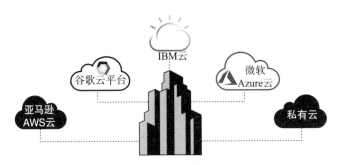

图3-3　多云和混合云

注：为避免服务商锁定，同时更好地利用公共云服务的优势，如今很多企业开始采用多云和混合云策略。

同时在私有云和公共云（即混合云环境）上展开应用对企业来说也很重要。极其敏感的用户数据可以存储在私有云上，公共云可以用来满足企业的按需产生的突发容量，即在交易处理或分析处理过程中遇到峰值时所需的额外处理能力。

如何利用各家云服务商形成"云移动性"是更为棘手的问题。云移动性是指用户在顶层应用和底层设施采用不同云服务时能实现轻松转换的能力。例如，把谷歌云上的图像识别服务更换为亚马逊云的图像识别服务。尽管封装器（一种分离应用程序和硬件设施的技术）的使用可以推动应用程序的云移动性，但是封装器本身并不支持云提供商服务的移动性。

大数据

大数据是推动数字化转型的第二项重要技术。当今时代，数据的重要意义不言而喻。但是在数字化转型时代，它的价值比以往要重要得多。很多人工智能型应用都需要海量数据以训练算法，这些应用会随着数据摄取量的增长逐步得到改进。

大数据这个说法最早出现在 21 世纪初的天文学和基因学等领域。这些领域生成的大量数据集，使用传统中央处理式计算架构（即通常所说的纵向扩展架构）根本不可能实现成本低廉且高效的处理。相比之下，选用横向扩展架构可以使用数以千计或数以万计的处理器并行处理这些数据集。在过去几十年的发展中，软件技术的设计都是采用横向扩展架构来实现对大数据的并行处理。MapReduce 编程模型就是一个很好的例子（该模型最初由谷歌公司在 2004 年开发），此外还有 Hadoop 架构（雅虎针对 MapReduce 模型开发的软件架构，2006 年发布）。现在在阿帕奇软件基金会（Apache Software Foundation）开源软件项目中还有 Hadoop MapReduce 这个软件，其组织框架涵盖了数量众多的软件组件。

我们发现，数字化转型活动需要以拍字节为单位的大数据管理能力。尽管阿帕奇的 Hadoop 软件组可提供用以管理大数据和开发人工智能与物联网应用所需的很多必不可少的组件，但是对企业来说把这些组件组合成实用的程序依然困难重重。对此，我将在第十章介绍新技术栈的应用，讨论如何利用此技术满足数字化转型的复杂需求。在这里，我们先来对大数据做一个简单了解。

大数据爆发

纵观历史，数据收集一直都是费时费力的工作。通常，很多企业会利用抽样统计对数据全貌进行推断。因为样本众多，统计学家必须花费大量时间精力对数据集进行整理，以消除其中可能误导分析结果的偏离值。

但是随着弹性云提供的无尽计算能力和存储能力，以及大规模并行处理软件的出现，样本采集和数据整理已经变得毫无意义。现在，异常值或有缺陷的数据会被合理地加权到大数据集里进行分析。超过 200 亿台通过互联网连通的智能手机等设备和传感器每年可生成源源不断的泽字节数据流，而且这个量级还在快速地增长中（见图 3-4）。一个泽字节的数据量相当于 2500 亿张 DVD 的存储量，如此庞大的数据可以让企业进行近乎实时的预测。显然，处理不经剔除的全部数据的能力对于人工智能的推动具有重要意义。

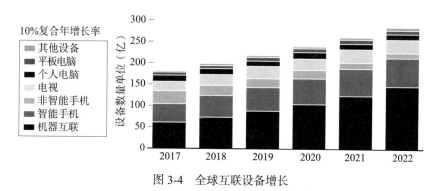

图 3-4　全球互联设备增长

注：目前互联网连通的设备数量是全球人口的三倍，而且这个数量还在以每年 10% 的速度增长。

应用人工智能处理数据集全部数据的能力带来的另一项重大改变是，现在企业已经不需要对事件发生的原因进行专业假设了。人工智能算法可以根据系统生成的数据直接学习复杂系统的行为模式。

例如，企业不再需要经验丰富的贷款评估员分析抵押贷款违约的原因，系统或机器可以在违约发生之前通过分析全部现有数据更为准确地分析出这些原因及其相对重要性。

由此造成的影响无疑是极为深远的。未来不再需要经验丰富的机械修理工分析引擎故障，不再需要经验丰富的医生预测患者糖尿病的发作情况，不再需要地质学家勘探油井的最佳开采位置——这些都可以通过计算机分析出的数据判断出来，它们不但速度更快，精度也更高。

人工智能

推动数字化转型的第三种重要技术是人工智能。人工智能是一项科学和工程学交叉学科，目的是开发出可以像人类一样具有学习和问题解决能力的智能机器和计算机程序。

传统上，人工智能可解决的问题包括自然语言的处理和转换，图像和模式识别（如诈骗识别、故障预测、慢性病发作预测等），以及决策支持（如自动驾驶车辆和指导性分析）。人工智能应用的数量和复杂度正在快速增长。例如，人工智能可用于解决高度复杂的供应链问题（如库存优化）、生产问题（如制造业资产产出优化）、车队管理问题（如最大化资产上线时间和出勤率）和保健问题（如预测药品依赖风险）等。我会在后面的章节对此详述。

机器学习

机器学习是人工智能概念下面的一个范围很广的子集，它强调通过案例和经验（以输入/输出数据集为表现形式）学习算法，而不是像传统算法那样依靠硬编码和预置规则解决问题。算法是由计算机执行的将输入数据转换成输出数据的一系列指令。简单的算法案例如对一组随机数字从大到小进行排列。你输入的数字是随机的，但计算机输出的数字是排列好的。规定计算机按照你既定的规则对数据进行处理的这些指令，即构成了传统的算法（见图3-5）。

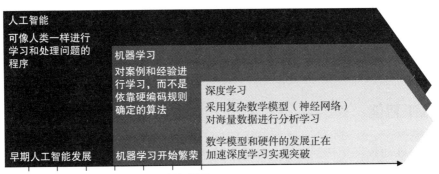

图3-5　机器学习和深度学习推动了人工智能的复兴

注：人工智能概念最早出现于20世纪50年代，近年来得到了快速发展，通过机器学习的应用和深度学习等方式展现出深刻的行业影响力。

算法在计算机诞生之初就已经出现了。但是传统方式并不能开发出解决各种复杂问题所需的算法，如保健、制造、航空、物流供应链和金融服务等行业的问题。和传统的有着精确既定规则的算法相比，机器学习算法可以对任何形式的数据（如图像、文本、音频、时间序列，等等）进行数学分析，发现其中的相互关系并进一步推断出算法。

我们可以通过一个例子来了解一下机器学习，通过分析图像（输入）来判断目标是不是飞机（输出），这一功能对于空中交通管理和航空安全十分重要。在这个案例中，算法是通过识别数千张或几百万张分别标有"飞机"和"非飞机"的图像来形成的。经过大量识别之后，系统算法会分析某个未带标签的图像，以极高的精度推断目标是不是飞机。另一个算法案例是在保健行业的应用，根据医疗历史和其他数据（成千上万的心脏病患者和数百万没有心脏病的人的年龄、性别、职业、居住地、饮食习惯、锻炼习惯、民族、家族史、就医记录等信息）来预测一个人罹患心脏病的概率。

机器学习和无限计算能力的出现，使得新一代算法可以解决以前无法想象的问题，例如评估飞机引擎出现故障的风险情况。通过分析所有相关的输入信息（如飞行时间、飞行状态、维修记录、引擎温度、油压等）和大量引擎故障案例，算法不但可以预测引擎是否会出现故障，还能对故障原因进行诊断。完成这些工作无须掌握材料学或热力学知识，唯一需要的是相关的实用数据，而且是大量的数据。

以前，机器学习需要做大量的"特征建模"（下文讨论的深度学习技术已减少甚至全面取消了这些需求）。特征建模需要有经验的数据专家和对象分析专家密切合作，以确定可能影响输出结果（在此案例中指引擎故障）的重要数据及其表现形式或特征（如引擎温度变化、飞行时间等）。这项工作的复杂之处在于，如何在数以百计或数以千计的潜在特征中做出选择。机器学习算法是这样工作的，它会对每一种特征的重要性进行微调（加权），以此为基础，对历史案件进行上千次甚至几百万次的反复迭代，直到推断出尽可能精确的输出结果（即引擎故障）。[8] 机器学习算法训练的结果是产生一组权重，用于推断任何输入数据的合理输出结果。[9] 在这个例子中，计算机算法用于确定权重，人类分析用于确定特征。在后面关于深度学习的内容中，我们会发现新的算法会从获取的数据中同时确定相关的特征和权重。

整个机器学习过程要耗费大量的运算能力和时间，结论推断则要快得多也简单得多。设计的改进和计算硬件的使用极大地改善了机器学习程序的性能。例如，图形处理单元被设计成可以并行处理训练集，现场可编程门阵列（FPGAs）被优化以处理轻量级算法推断。目前，业内领先的云计算平台都能提供经过优化的针对人工智能运算的资源，其中涵盖了上述硬件创新产品。

机器学习可以分为"有监督"和"无监督"两种。在监督学习中，算法使用加有标签的数据进行训练，前面提到的飞机引擎故障分析就属于此类。这种学习方式需要提供大量历史数据，在此基础上训练机器学习算法。

如果所需数据不足以训练机器学习算法，无监督学习就派上了用场，它依靠搜索异常值来学习算法。无监督学习算法在较大的数据集中寻找有意义的模式或群组方面非常有帮助。例如，零售商可以用无监督机器学习算法对顾客数据进行群组分析，以便发现有价值的顾客群体，有针对性地进行广告营销和产品开发。

深度学习

深度学习是机器学习领域极富潜力的一个子集。如前所述，传统机器学习方式大多涉及海量的特征建模，需要众多技术专家的参与。这会成为机器学习的发展瓶颈，因为数据专家必须首先对数据进行分类和标签，然后才能对算法进行训练。但是在深度学习中，数据专家无需对重要特征进行预先设定，这一过程也是通过算法来实现的。

这无疑是个很大的进步，因为特征建模虽然可以解决某些人工智能问题，但它并不是所有人工智能问题可行的解决之道。在很多领域，依靠数据专家确定值得挖掘的数据特征是一项极其困难，或者说无法实现的目标。比方说图像识别工作中，为自动驾驶技术开发人工智能程序时如何创造算法以识别不同车辆这一问题。车辆所蕴含的数据变量实在太大太广，包括形态、尺寸、颜色、照明、距离、角度等各种各样的可能性。数据专家根本不可能从中抽取出所有特征变量来训练算法。对于此类问题，可采用深度学习中的"神经网络"技术来解决问题。这种技术是受人类大脑神经网络的启示而开发的，但是在实际工作中和人脑的工作方式完全不同。

深度学习使电脑可以在较简单的嵌套概念的基础上开发出复杂概念。你可以把整个过程理解为一系列链条式算法，每一层都有一种执行某条判断命令的算法，所有算法前后相连，直到最后一层输出结果。例如在车辆识别案例中，神经网络通过输入大量图像（图像中有些有车辆有些没有）的方式进行训练。神经网络的每一层都会分析图像数据的多种要素，以渐进方式识别各种抽象概念，如体现车轮车身所需的边缘、角、轮廓、圆形和矩形等信息，直到最后逐层叠加形成对车辆的整体概念。[10] 一旦完成算法训练，神经网络就可以迅速鉴定以前未输入过的图像，以极高的精确度判定目标是不是车辆（见图 3-6）。

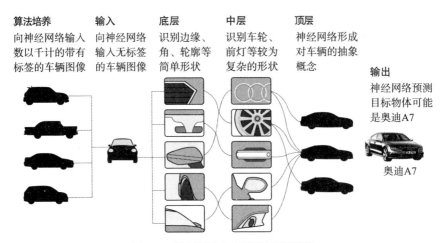

图 3-6　神经网络如何识别车辆图像

注：通过多层神经网络，深度学习人工智能可以让计算机在嵌套概念的简单基础上开发出复杂的概念认知能力。

不难想象，深度学习在很多商业和政府应用中有着巨大的发展潜力。除了用于汽车自动驾驶和工厂机器人视觉呈现等方面，神经网络还可以应用于智能设备语音识别（如亚马逊 Echo 和谷歌 Home 等应用）、自动化客服、实时语言翻译、医学诊断、油田产量预测和优化等诸多领域。从预测引擎故障到评估糖尿病发作再到识别商业欺诈，深度学习之所以令人着迷是因为它几乎能应用到任何工作任务中。和传统机器学习方式相比，深度学习过程几乎无须数据专家的干预，极大地降低甚至消除了对特征建模的需要。

人工智能是一个充满各种可能性，令人无限期待的领域。这个领域正在快速发展中。推动这一发展过程的催化剂包括运算和存储成本的持续下降，以及硬件产品的不断改善和创新。随着运算能力的日益强大和价格的下降，人工智能将会在更为广泛的领域中得到应用，帮助人们解决更多的问题，推动实时决策系统的完善。

毫不夸张地说，人工智能将会深刻改变人类的工作和生活方式。尽管目前我们还处在商业和政府人工智能应用的早期阶段，但这场毫无硝烟的竞赛已经紧锣密鼓地展开。具有前瞻性思维的企业和组织机构已经在其价值链中积极部署人工智能应用，它们的定位是要抢占先机实现发展。和数字化转型一样，这项技术的应用与否决定了企业的成败。今天的首席执行官和企业高管应积极思考人工智能对公司发展前景具有的影响，以及怎样才能抓住人工智能带来的新机遇。

物联网

推动数字化转型的第四项重要技术是物联网。物联网的基本概念是把互联网中一切具备处理数据能力和通信能力的设备连通起来，以实现全面的数据发送和接收功能。这是一个十分简单但有可能创造重大价值的概念。当然，物联网的意义并非仅限于此。

物联网的真正威力和潜力，源自运算能力的无处不在和广泛连通。如今，微处理器的价格越来越低廉，能效越来越高，网络速度也变得越来越快。很多设备（如汽车、无人机、工业机械和建筑等）都安装了仅有信用卡大小的极其便宜的人工智能超级电脑。正因为如此，云计算才能极其高效地扩展到网络边缘，即那些可生成、消耗和分析数据的设备。

NVIDIA 的 TX2 就是这样一款边缘型人工智能超级电脑。TX2 可实时处理流视频，使用基于人工智能的图像识别系统识别人体和物体。它可以安装在自动驾驶型送货机器人身上，利用电脑成像系统引导机器人穿街走巷。大小只有二乘三英寸的 TX2 内含很多先进组件，其中包括功能强大的 256 核图形处理器和 32G 的本地存储能力，支持长达一个小时的视频录制。耗电量是衡量无人机等应用的一个重要指标，而这款产品的耗电量只有 8 瓦。

这些进步使运算设备在外形设计上出现了重要变化。（对此我将在第七章进一步说明）车辆、飞机、商业建筑、工厂、家庭，以及电网、城市、桥梁、港口、隧道等各种基础设施全都加装了数以千计的电脑和智能摄像头，用以监控情况并及时做出反应。简而言之，我们身边的一切事物都在变成计算设备，人工智能也越来越多地被内置到这些设备中。

物联网技术命名的含义是"网络连接型物理系统"，体现了电脑对物理基础设施的聚合和控制。由于部署在整个物理系统中，计算机可以在本地持续不停地进行监控并做出改变（例如调整工业控制程序的设置），同时通过云数据中心在大范围内进行沟通和协调。

电力工业的智能电网是一个很好的物联网应用案例。它能在本地供电的情况下使用本地的自有电力，而在必要时也能从电网中提取电力。智能电网的应用有望使全球电力基础设施的效率提高 33 到 50 个百分点。采用这一系统需要在边缘计算机上部署人工智能应用，对能源需求不断做出实时预测（或推断），然后采用最具成本效益的能源供应方式来满足需求，如太阳能、电池、风能或电网供电。如今，"交易型"电网概念（即电网中单个节点可即时做出能源买卖决策的概念）很快就会实现。

其他兼用本地处理和云处理的案例有亚马逊 Echo 云、自动驾驶车辆、利用摄像无人机执行警戒或其他工业商业用途（如保险定损），以及机器人生产车间等。不久的将来，人类将会开发出数十或上百种微功率电脑可穿戴设备和植入设备，24 小时不停地监控调节我们的血压、脉搏、体温和其他代谢指标。这些设备可通过互联网连接到云服务，如医疗诊断服务。除此之外，它们还可以利用本地运算系统和人工智能应用搜集分析数据，做出实时决策。

虽然我们目前还处在物联网的早期发展阶段，但是已经有很多物联网应用开始展现出在商业和政府领域的重大价值。以能源行业为例，安装在市政水电表网络中的传感器可传输遥感数据，利用这些数据开发的预测性系统维护程序可以创造极大的价值。又例如，欧洲某大型市政电力公司基于人工智能的预测性维护程序，从长达 120 万公里的配电网络中的传感设备和智能仪表中搜集数据，以便预测设备故障和提前做好应对。这项创新应用每年可为公司带来超过 6 亿欧元的经济收益。

在公共服务领域，美国空军部署的基于人工智能的预测性维护程序可以预测各种机型的故障发生情况，实现主动维护维修，极大地缩减了计划外维修费用。这些程序可分析每一架飞机上的众多传感器传回的机况数据和操作数据，在此基础上预测飞机上的系统和子系统是否会出现故障。从这些应用的部署结果来看，美国空军所有机型的可用出勤率提高了 40%。

这些只是当前人工智能型物联网应用的几个案例，它们为大企业数字化转型活动创造的价值可谓不菲。在本书第七章，我将会对物联网应用案例做进一步说明。

人工智能和物联网应用需要新技术栈

至此，我们已经了解了推动数字化转型的四种重要技术，即云计算、大数据、人工智能和物联网的强大功能及其对未来可能造成的改变。但是另一方面，这些技术也为企业和组织机构带来了新的重大挑战和复杂性，特别是如何把它们融合到同一个技术平台。实际上，很多企业在大规模开发部署人工智能和物联网应用时都感到困难重重，经过试验和原型设计阶段之后很难再取得进展。

这些机构通常会在公共云平台上（如亚马逊 AWS 云、微软 Azure 云、IBM 云和谷歌云）拼接一些阿帕奇 Hadoop 开源软件包（以及商用 Hadoop 分销商如 Cloudera 和 Hortonworks）中的组件，以此方式尝试开发应用程序。这种做法几乎永远不会成功，开发人员哪怕付出几个月甚至几年的时间和精力，最终只能给企业带来一个项目失败的烂摊子。为什么会这样呢？

像 Hadoop 软件包中的软件组件是由 70 多位程序员独立设计开发的。他们使用不同的编程语言和界面协议，编程模型的转换成本很高，在代码成熟度、稳定性和可升级性等方面存在很大的差别。更重要的是，程序员之间的相互竞争使各种开发要素的排列组合数量几乎变得无穷无尽，如硬件设施服务响应、企业系统和数据集成、企业数据对象、传感器界面、编程语言，以及支持应用开发的库等。最后，大多数企业需要设计、开发和运行数百种和 Hadoop 组件略有不同的企业应用。如此这般折腾下来，即使最优秀的开发团队也会感到极其复杂和难以为继。因此，拼接式开发方案很难取得成功。

在现实操作中，无论 Hadoop 软件包还是公共云自身都无法提供大规模开发人工智能和物联网应用所需的全面平台。要创建整合云计算、大数据、人工智能和物联网四大技术的全面的下一代企业平台，所需的技术要求非常之高。我认为至少需要满足以下十个方面的核心需求：

1. 数据集成：收集、整理和标准化来自不同渠道的所有数据，包括来自内部系统、外部系统和传感器网络系统的数据。

2. 多云计算：在私有云和公共云组合应用的基础上实现低价高效、更为灵活的横向扩展型运算和存储。

3. 边缘计算：在边缘设备上实现低时延的本地处理、人工智能预测和判断；实现即时决策以响应数据的实时输入（例如在车辆撞到行人之前立即停止车辆自动驾驶)。

4. 平台服务：为连续化数据处理、临时和空间处理、安全性、数据持久性等问题提供全面必要的服务。

5. 企业语义模型：在业务中提供一致的对象模型，以简化和加速应用开发。

6. 企业微服务：提供全类别的基于人工智能的软件服务，帮助开发人员快速建立可利用最佳组件的应用。

7. 企业数据安全：提供强大的加密功能，用户访问验证和授权控制功能。

8. 使用人工智能和动态优化算法的系统模拟：实现对系统应用全生命周期的支持，包括开发、测试和部署等各个阶段。

9. 开放式平台：支持多种编程语言、标准应用界面、开源机器学习和深度学习库，以及第三方数据可视化工具。

10. 通用协作开发平台：支持软件开发人员、数据专家、分析师和其他团队成员在通用框架内使用通用工具合作，以加速应用的开发、部署和运行。

模型驱动式架构

上述需求可以通过"模型驱动式架构"得到很好的满足。模型驱动式架构使用独立于平台之外的模型来定义软件系统。也就是说，模型和特定云平台服务商提供的底层硬件服务无关，不管你是亚马逊 AWS 云、微软 Azure 云、IBM 云、谷歌云还是其他云，模型都可以自动转换成一个或多个云平台特定的应用实施。这就意味着开发人员无须担心应用程序要使用哪个底层组件，也不用管应用程序会在哪个云平台上运行。有了模型驱动式架构，人工智能和物联网应用就可以用比常规快得多的方式配置和部署。这样的开发方式，只需三到五个软件工程师和数据专家组成的小团队就可以完成。

模型驱动式架构可以简化和加速开发过程，是因为它提供了"指定域模型"。和传统编程方式相比，使用这种架构开发人工智能和物联网应用的业务逻辑，软件工程师的编码量要小得多。

这种架构的优势非常明显。由编程人员和数据专家组成的小型团队可以在 10 周内完成人工智能和物联网应用的开发。对于大型项目，通常 12～16 周即可完成设计、开发测试和上线部署的全部流程。对此，我将在第十章"新技术栈"中做详细说明。

推动数字化转型的四种重要技术，云计算、大数据、人工智能和物联网，最终必将结合在一起呈现在人们面前。在这种聚合作用下，我认为数字化转型活动一定会在全球各个行业出现明显的加速。对于希望深入了解这些技术的读者，我会在接下来四个章节逐个进行分析。如果你对这些技术如何在当今时代数字化转型活动中发挥作用更感兴趣，请跳至第九章阅读"数字化企业"。

DIGITAL
TRANSFORMATION

| 第四章 |

云 计 算

弹性云计算的发展已经有超过十年的历史，如今这一技术已成为数字化转型的一个重要基础和推动力。云计算通过向企业提供对无限运算资源和存储能力的通用存取，以及采用按使用收费的模式，使企业无须投入大量前期经费，从而实现了信息技术的大众化。它能帮助任何规模的组织机构在任意大小的数据集里应用人工智能。

尽管越来越多的企业正在把大部分信息技术业务快速转移到公共云平台，但是仍有一些公司拒绝采用云服务。这些公司之所以拒绝，通常是因为它们对云服务的观点守旧，认为它的安全性、适用性和可靠性较低。实际上，自从十多年前第一款公共云产品出现以来，云服务商中的领军者通过快速发展和大量投资早已把这项技术推到了时代前沿，使任何规模的传统数据中心都相形见绌。

本章要深入探讨云计算的兴起，它的商业价值、收益和风险。企业和政府的管理者很有必要深入了解这一技术，因为它从根本上改变了运算经济和信息技术基础设施。和积极采用这一技术的竞争对手相比，忽视或不愿采用云计算的组织机构将会蒙受重大的损失。

"弹性云"这一表达得名于云计算拥有快速动态扩展和收缩，以满足企业对运算和存储资源不同需要的能力。这种弹性改变了软件部署模式、信息技术成本，以及企业投入资本的方式。云计算甚至改变了很多行业，推动了新行业的出现。以音乐行业为例，如今几乎所有音乐产品都是通过声田和苹果音乐等云服务平台提供给消费者的，CD 唱片则逐渐退出了历史舞台。奈飞和亚马逊视频等云端流媒体服务正在快速发展，吸引了大批传统有线电视和影院剧场的观众。优步和来福车等共享出行服务也是建立在云服务基础上的新应用。

有了云服务，软件开发人员不必再重金投资支持和部署服务所需的硬件。在传统开发过程中，企业往往会遭遇两难情况——硬件投入过多会造成资源浪费；投入不足会导致应用过于繁忙，从而失去潜在的顾客和营收。拥有大型运算操作的组织机构采用并行而不是线性方式处理问题（例如处理信用卡交易流），可以随着程序升级迅速取得理想的处理结果。这是因为，使用 1000 台服务器一小时的成本和使用一台服务器 1000 小时的成本是完全一样的。

这种信息技术资源的弹性，以及大规模运算的无溢价性，在信息技术发展史上是史无前例的。[1]

弹性云的进化：从大型机到虚拟化

云计算的进化始于 20 世纪 50 年代大型机的出现。此后，大型机在几十年中一直都是企业运算的基石。无论订机票还是在自动取款机上取钱，我们都在间接和大型机打交道。企业委托大型机运行重要业务，是因为它们的设计目的就是要实现"可靠性、适用性和可服务性"（reliability，availability，and serviceability），即 RAS，这可是 IBM 当年最流行的广告语。[2]

　　1959 年，麻省理工学院教授约翰·麦卡锡在一款空中防卫系统中引入了计算资源分时共享概念。[3] 1961 年，在经过学界和业界二十多年开发的基础上，名为兼容分时共享系统的演示程序出现了。后来，多路信息计算服务和其后 Unix 分时操作系统的诞生推动了学术界和商业界广泛采用分时系统来访问和共享价格昂贵的中心式运算资源。

　　虚拟化指的是用户可在运算、存储和网络资源中创建私有分区的能力，这是一项推动云计算成为现实的重要技术创新。它能使亚马逊 AWS 云、微软 Azure 云和谷歌云等云服务提供商在高速网络连通的中心位置部署和运行大量服务器和存储器，为顾客提供私有和安全的使用资源。尽管虚拟化的概念早在 20 世纪 70 年代就出现了，但这一表达直到 90 年代才逐渐流行起来。20 世纪 70 年代初，IBM 发布的 CP40 操作系统是第一款可向用户提供虚拟机器的系统。[4] CP40 系统出现之后，用户可以在分时共享运算中使用自己的操作系统，无须和其他用户共用同一个操作系统。

　　20 世纪 90 年代初，太阳公司推出的 Java 系统实现了应用程序虚拟化的普及。Java 运行环境可支持应用程序在任何装有该环境的电脑中运行。在此之前，程序开发人员必须根据软件运行的不同硬件平台做代码汇编，这是一项极其缓慢且占用资源的工作，在当时各种 Unix 平台并存的情况下尤其令人头疼。Java 系统的出现使互联网应用程序的运行免去了平台间代码汇编的问题。它的成功推动了一系列支持多平台部署的类似工具的出现，其中包括 Connectix 公司 1997 年针对麦金塔计算机推出的虚拟个人电脑系统（Virtual PC）[5] 和 Vmware 公司 1999 年推出的工作站系统（Workstation）。[6]

进入 21 世纪后不久，Vmware 公司的应用程序虚拟化更进了一步，它推出的"hypervisor 超级管理程序"无须运行主操作系统。这款软件和虚拟桌面接口（VDIs）的出现，使虚拟化成为当时很多企业能轻松实现的事。这种硬件与操作系统和应用程序的分离推动了企业数据中心的转型，实现了比大型机更为灵活的共享式运算和存储资源的应用。当时参与这一市场开发的主要有惠普、VMware、戴尔、甲骨文和 IBM 等公司，后来该市场逐渐演变为今天的私有云市场。

与此同时，网络技术方面的进步也推动了公共云的开发。从 1969 年阿帕网（互联网前身）[7] 的出现到传输控制协议（TCP）、X.25 网络、互联网协议（IP）、分组交换、帧中继、多协议标签交换（MPLS）和域名系统（DNS）的诞生，公共网络和私有网络都实现了飞速发展。虚拟专用网络（VPN）技术可以使企业像使用专用网络一样使用公共网络，既免去了需要企业重金投入和访问速度慢等令人头疼的问题，又能实现设备之间的专属网络连接。经过 20 世纪 90 年代电信巨头的商业化发展，现在的虚拟专用网络可以支持企业在网上安全地开展业务。上述技术进步，以及功能日益强大但价格日益下跌的网络硬件产品的出现，为今天公共云的发展奠定了基础。

公共云的兴起

2006 年，亚马逊网络服务部（AWS）推出了简单存储服务（S3，可满足任何类型任何规模的数据存储）、弹性计算云（EC2，可满足任何运算规模的硬件即服务型虚拟机）和简单队列服务（SQS，可在任何大小的软件组件之间收发信息）。这些服务的出现标志着公共云的引入，公共云是为那些需要在任何规模下简单而安全地收集、存储和分析数据的企业提供的一种商业服务。这种即时租用运算和存储资源，由第三方提供和管理资源以满足全球各地用户使用需求的模式，在当时具有划时代的意义。

再怎么强调公共云引入的意义也不为过。一方面，它将企业从巨大的行政负担中解放出来，并使信息技术部门不用再根据业务需求的增长而反复扩充软硬件资源。另一方面，公共云的出现为信息技术部门提供了和其他业务部门密切沟通的机会，使他们能更好地理解部门需要和业务需求。

亚马逊推出的这三项服务，为其他云服务提供商的跟进铺平了道路。2008 年，谷歌推出谷歌应用引擎，正式开展云计算业务。[8] 当年晚些时候，微软推出 Azure 产品计划，并在 2009 年底 2010 年初发布首款云服务产品。[9] 2013 年，IBM 完成对 SoftLayer 公司的收购，并在其基础上推出了 IBM 云服务。[10]

经过多年经营，公共云上的服务内容和使用案例得到了长足的发展。以亚马逊 AWS 云为例，它推出的重大技术改进包括 2008 年的内容交付网络 CloudFront、2009 年的虚拟私有云和关系数据库服务，以及 2014 年的无服务器产品 Lambda。纵观亚马逊 AWS 云和其他云服务提供商的技术进步，通过他们提供的服务，一个企业从成立、开发到运营都可以在云端完成。这种云基企业可以根据自身发展需要简单快速地实现信息技术应用规模的扩展和收缩。

云计算的现状

云计算的内涵一直在发展演变中，其定义和形象被赋予了新的特征、部署模式和服务模式。2006年，时任谷歌首席执行官的埃里克·施密特在网上向大家普及了基于"云"概念的互联网商业服务模式后，有关云计算的各种定义一时间引发了不少困惑、怀疑和市场炒作。2011年，美国国家标准技术研究所（NIST）肯定了云计算的重要性，并对其做出了标准定义。它把云计算定义为一种"可随时随地按需访问基于网络的可配置运算资源（如网络、服务器、存储器、应用程序和服务）共享池，在用户无须投入过多管理或没有服务提供商参与的情况下，可快速实现运算资源供给的模型。"[11]

云计算对于推动数字化转型具有重要作用。没有弹性公共云提供的即时快捷、成本低廉的对可升级计算资源的访问，今天的数字化企业就不可能大规模出现。传统组织机构也可享受到云计算带来的良好经济效益和信息技术应用的灵活性，进而推动其数字化转型进程，充分利用好云计算日益增加的新特性。

云特征

云计算在推动数字化转型方面具有五大核心技术特征：

1. 无限容量：其存储和计算资源基本是无限的。

2. 按需自助服务：用户可单边使用云计算资源，无须云服务提供商的帮助。

3. 广泛的网络访问途径：用户通过传统电信服务和各种设备在云端运行服务，如无线网、互联网和移动网（如3G、4G或LTE网）。也就是说，云计算是可以随时随地访问的。

4. 资源池：云提供商可通过多用户模式同时服务多个用户，根据每个用户的需求对资源池中的物理和虚拟资源进行动态分配和调整，从而降低所有用户的资源使用成本。

5.快速恢复弹性：随着用户需求的增长或下降，云端资源可以快速自动地实现无缝供给和调整。

云部署模式

除了上述核心技术特征，云计算的另外两个方面，即部署模式（谁掌握硬件设施）和服务模式（可提供哪些类型的服务）对其业务运行也有着非常重要的影响。从硬件设施的所有权状况来看，其部署模式可分为以下三种（见图 4-1）：

- 公共云指可供所有人使用的硬件设施。此类云由企业（如亚马逊 AWS 云、微软 Azure 云、IBM 云和谷歌云）或政府拥有、管理和经营。鉴于其无限容量、接近实时的服务弹性、强大的安全性和高可靠性，公共云吸引了众多企业的关注。
- 私有云指所有权和经营权归某一组织机构的硬件设施。通常是某机构所属的数据中心或数据中心集群以云模式运行，为其提供专属服务。受限于硬件水平，私有云一般服务弹性有限，容量也有限。
- 混合云指兼具私有云和公共云特征的硬件设施。混合云设施属于动态空间，由公共云服务商在其云端为用户提供动态化可延伸的私有云环境（如亚马逊 AWS 云的 GovCloud 服务），从而兼具两种云部署的优势。

公共云	私有云	混合云
提供给大众公开使用。此类云归企业、学术界、政府机构或上述组合机构所有，管理和经营。服务由云提供商本地部署。	仅提供给组织机构内部专用。此类云归组织机构、第三方或上述组合机构所有，管理和经营。服务以本地或异地方式部署。	呈现为公共云和私有云结合形式。一方面，用以满足用户的独特需求；另一方面，和公共云标准化或专利技术绑定在一起，以实现数据和应用的移动性。

图 4-1　云部署模式

注：组织机构可选择不同的云部署模式，从公共云（由企业所有、管理和经营的可供所有用户使用的云）到混合云（公共云和私有云的组合）不一而足。

企业管理人员在确定云计算应用策略时，必须把数字化转型活动和选定的云计算部署模式优缺点进行匹配。

云服务模式

云服务模式是云计算对于组织机构如何利用云服务的第二个方面的重要影响。经过多年发展，云计算行业已经演化出三个可供企业充分利用云技术的方向。

- 硬件即服务（IaaS）涵盖了可以从云端根据用户需求提供的硬件基础设施（如计算、存储和网络资源）。云服务提供商负责提供硬件设施，满足用户对其虚拟主机的访问。在访问过程中，用户可控制云端的操作系统、虚拟磁盘镜像以及 IP 地址等。亚马逊 AWS 云的弹性计算云（EC2）、微软 Azure 云的虚拟主机、IBM 云和谷歌的云计算引擎都是重要的硬件即服务产品。
- 平台即服务（PaaS）指即时可用的软件开发平台，它可以帮助用户在云端开发、测试和部署应用程序。平台负责管理底层硬件、操作系统、运行环境、安全性、可用性路、升级线、系统备份，以及数据库等相关需求。亚马逊 AWS 云的 Elastic Beanstalk、微软 Azure 云的 Web Apps，以及谷歌的应用程序引擎是当前主流的通用型云平台产品。

- 软件即服务（SaaS）是指在云设施基础上（包括公共云和私有云）运行的软件应用程序，用户可通过网页浏览器在互联网上访问这些程序。SaaS 模式出现之前，企业必须在其本地硬件上安装运行有授权许可的软件程序，自行管理服务器的可用性、安全性、容灾备份、软件补丁和系统升级等操作。但是大多数组织机构并不具备专业的软硬件维护技能。在 SaaS 模式中，组织机构的信息技术团队不必担心上述问题，因为软件即服务提供商已经包揽了一切管理服务。此外，使用此项服务的组织机构通常只需按年付费，根据授权使用 SaaS 产品的用户数量来计费。SaaS 模式对很多企业和组织机构产生了划时代的重要影响，现在它们可以大幅降低信息技术成本和需求，把精力全部投入到其主营业务中去。经过二十多年的发展，一些重要的 SaaS 公司开始涌现，如软件营销部队（Salesforce）、Workday、ServiceNow 和 Slack 等公司。除此之外，传统软件业巨头如微软、甲骨文、SAP、Adobe 和 Autodesk 等公司也在提供 SaaS 应用。

云部署和云服务模式在过去十年中的快速演变，对各个行业老字号和新公司的数字化转型发挥了巨大的推动作用。作为数字化转型的一部分，很多组织机构正在将其私有云或混合云迁移到公共云。与此同时我们发现，诞生在弹性公共云环境下的新企业已经把这些新资源变成了数字化发展不可或缺的一部分，其重要意义用组织机构的 DNA 来形容毫不为过。

全球公共云设施

当前三大主要云服务提供商，亚马逊 AWS 云、谷歌云平台和微软 Azure 云正在大力争抢企业用户及其业务量。它们投入重金采购最先进的硬件设备（包括运算、存储和网络设备）和软件程序（如虚拟机监视器、操作系统和各种支持性微服务），只为提供最好的连通性、性能、可用性和升级性。对企业来说，这些服务可以帮助它们显著降低云服务的使用成本。在过去十年中，微软 Azure 云的存储成本下降了 98%。[12]

与此类似，需求的增长和成本的降低也推动了运算能力的快速增强。2015 年，亚马逊每天新增的运算能力可满足一家《财富》500 强企业的需求。云计算增长的速度仍没有放缓的迹象，2018 年，全球公共云服务市场收入同比增长了 21 个百分点，从 2017 年的 1453 亿美元增长到了 1758 亿美元，预计到 2021 年将会超过 2780 亿美元。[13]

未来趋势非常明显，可带来数十亿美元业务收入的云计算正在加剧公共云服务提供商之间的竞争，在丰富产品选择的同时不断降低用户的使用成本。简而言之，当今时代的企业运营一天也离不开云计算。

云服务的连通性

电信行业不断改善的连通性是推动云服务在全球范围得到广泛应用的另一个重要原因。由于光纤在城市和建筑中的大量安装，全球网速得到了显著提升。美国的平均网速超过了每秒18兆字节，全球排名第十位。韩国的平均网速以每秒近30兆字节的速度位居世界第一。全球的平均网速略高于每秒7兆字节，并在每年以15%的速度增长。[14,15]

从历史角度来看，固定网络要比移动网络具有更好的传输速率和更短的反应延迟。但是移动网络技术的不断创新，如3G、4G网络和LTE系统的出现，已经快速缩小了固定网络和移动网络之间的性能差距。此外，全球对下一代平板电脑和智能手机的巨大需求也在推动运营商投资建设移动网络基础设施。速度更快的5G网络技术未来将会进一步加速云计算的应用。

虽然5G网络目前仍处于研发试用阶段，业界对其实际传输速度有各种不同估计，但毋庸置疑的是，5G网络要比4G网络的速度快得多。在2018年拉斯维加斯消费者电子产品展会上，高通公司模拟了5G网络在旧金山和法兰克福之间的数据传输。法兰克福的样本显示，用户的下载速度超过了每秒490兆字节，相比之下当前4G LTE网络的下载速度只有每秒20～35兆字节。旧金山样本显示的下载速度更快，达到了每秒1.4吉字节。

企业和政府管理者必须认识到，云计算技术及其所需的硬件设施正在快速发展演变中，其性能表现和升级性会变得越来越好。这些理由都足以证明企业必须毫不迟疑地向云计算转型。

资本开支向运营开支的转变

公共云硬件即服务产品在过去三年中每年30%～35%的增长率证明，[16] 企业（特别是那些实施数字化转型的企业）正在出于各种技术和财务原因积极地采用云计算服务。在向弹性公共云转型的过程中，企业会很快意识到云计算带来的巨大经济价值。它们常把随用随付型 SaaS、PaaS、IaaS 模式的价值描述为"资本开支向运营开支的转变"。[17] 云计算带来的好处是,企业不用再投入资本采购服务器和存储器等会快速贬值的资产或为其购买使用许可证,而是可以在云端快速访问按需定制的资源,然后根据使用方式支付费用。

基于使用方式的收费模式可以使用户按不同分配方式购买运算时间。例如,在 8 小时内用完 100 个运算时长,和在 2 小时内使用 4 倍资源用完 100 个运算时长,所付的费用是一样的。尽管基于使用方式的带宽收费模式在网络系统中的应用由来已久,这一理念对于计算资源的计价仍具有划时代的革命性意义。

前期资本投入的减少,以及不再需要专业人员管理维护各种硬件平台为企业节省了很多成本,使得很多组织机构可以把资金投入到其他方面或是投资到数字化转型活动,如添加物联网设备以监控供应链,或是部署预测分析工具以实现更好的商业智能应用等。

弹性公共云的额外收益

除了成本和时间的节约,以及灵活性方面的优势,企业向弹性公共云转型还可以带来以下重要收益:

- 维护成本近乎为零:在公共云中,企业无须投入资源对软硬件系统进行维护,如操作系统升级和数据库索引等。这些工作都由云服务提供商完成。
- 可用性得到充分保障:2017 年,某大型国际航空公司由于员工意外关闭数据中心电源导致系统中止服务。[18] 像这种由于操作系统升级不兼容、网络问题或服务器电力故障等原因造成的意外情况在公共云系统中根本不存在。业内主要的公共云服务商都可以提供充分的可用性保证。云计算行业常见的99.99%的在线可用性，意味着云端系统一年的掉线时间绝不会超过一个小时。[19] 对于传统企业内部信息技术部门来说，要在全球业务运营中保证如此高的系统在线率几乎是不可能的。

- 网络安全和物理安全：有了公共云服务，企业可以从云服务商在物理安全和网络安全方面的广泛投资中受益。公共云服务商会对每年发现的诸多系统漏洞安装补丁程序，同时执行渗透测试以发现和修补漏洞。公共云服务商还会提供合规性认证，证明其满足当地和国家有关安全和隐私方面的法律规定。

- 响应延迟最小化：延迟指的是用户操作和系统反馈之间的时差，响应延迟最小化在实现实时操作、提升用户体验等方面具有重要意义。衡量这一指标的决定性要素只有一个，即终端用户应用（如网页浏览器）和硬件反馈之间的往返时长。主要云服务商目前都可提供多个"可用区"，即在同一地理区间内通过低延迟、高吞吐量和高冗余网络连接的，物理层面彼此隔绝的位置。例如，亚马逊AWS云在全球18个地区拥有53个服务可用区。公共云服务可以让斯堪的纳维亚半岛的某个游戏开发人员无须管理众多、分布广泛的数据中心，就能在全球任何区域部署移动应用，实现最低的系统延迟。

- 可靠的容灾备份：今天的全球分布式公共云可实现跨地区复

制和点对点数据恢复，为用户提供了全面可靠的容灾备份服务。例如，某公司在东亚的数据中心由于当地的政治动荡而受到破坏，他们可以利用在澳大利亚备份的资源重启业务。同样，如果企业数据文件意外受损，云服务可以帮助它们恢复系统至可正常操作的时间点。尽管企业自行安装、管理、测试恢复系统和复制文件从技术上是完全可行的，但这项庞大工作对大多数组织机构来说成本无疑是极其高昂的。

- 简单快速开发：企业向云计算的转型推动了"开发运维一体化"模式的出现，目前这种开发方式得到了很好的普及和应用。软件工程师以前都是在本地工作站开发应用程序，现在他们正在改变做法，纷纷转向云端开发。和传统开发方式相比，简单快速开发结合了软件开发和信息技术操作两方面，能够实现两者之间更紧密的整合。云端系统可以为开发人员提供更丰富的语言和框架选择、最先进的云开发环境，以及更便利的协作和支持平台。有了基于云计算的封装器，软件开发人员可以在更熟悉的开发环境中编写代码，而且这种开发环境即使在不同生产环境中也能得到可靠运行。显然，这些优势大大提高了生产应用型软件的开发速度和部署速度。

- 订阅式收费：云计算的基于效用的收费模式把软件收费变成了订阅式收费，用户可以只根据使用情况付费。软件即服务、平台即服务和硬件即服务的订阅收费模式近年来很受欢迎，其服务价格通常根据用户数量和耗费的运算资源确定。大多数情况下，订阅式收费的价格和用户选定软件特征的不同级别成正比。这样一来，企业就可以自行选择所需的服务、使用时长和用户数量，即使中小型企业也能在云端找到最适合自己经营情况的产品和服务。

- 未来保证：SaaS 产品可以让软件制造商快速频繁地升级产品，确保用户始终享有最新的功能。在云计算出现之前，企业通常要等六个月以上的时间才能拿到最新的升级版软件，试用过程不但速度缓慢还特别容易出错。现在有了云端 SaaS 产品，企业可以随时不断地接受软件升级，确保其软件应用永远处于最新版本。

- 关注业务而不是信息技术：在软件授权使用的年代，企业必须组织团队管理本地托管、软硬件升级、系统安全、性能调试和容灾备份等工作。SaaS 产品使企业团队从这些工作中解脱出来，让他们可以更灵活，专注于公司业务、服务客户和建立差异化服务。

无限运算能力

弹性云可以有效消除计算资源在可用性和能力方面的限制，这是打造新型人工智能和物联网应用不可缺少的基础，也是推动数字化转型的根基。

这些应用可以处理太字节和拍字节的海量数据集。这种规模的数据集通常包含各种来自不同渠道的结构化和非结构化数据，一方面，为企业带来了相当大的挑战，另一方面，也为推动数字化转型提供了重要的原料。下一章，我们来深入了解一下大数据技术。

DIGITAL
TRANSFORMATION

|第五章|

大 数 据

  随着计算机处理能力和存储能力的不断增长，处理和存储大型数据集开始成为可能。谈到大数据时，人们通常关注的都是处理和存储能力的增长，但实际上关于大数据我们还需要了解更多内容。

  在当今数字化转型的时代背景下，大数据技术最大的不同之处在于无论这些数据的来源、格式、频率，以及是否结构化，我们都可以对其进行存储和分析。大数据技术还能让我们整合各个数据集，创建复杂人工智能算法所需的大型数据集。

  1948年，信息量化的概念最早由信息理论之父克劳德·香农在贝尔实验室提出。他提出以二进制比特作为衡量信息容量的单位，一个比特可以是0或1。这一创新是数字化计算机得以实现的前提条件，因为数字化计算机实际上不过是对二进制比特0和1进行高速调整叠加的机器。如果我们要做减法运算，计算机就加入负数；要做乘法运算，计算机就多次叠加数值。数字化计算机虽然看起来很复杂，其本质不过是精密的计算器。

使用二进制,我们可以用 0 和 1 组合出任意数字。20 世纪 60 年代,电报代码使用的 ASCII 编码系统,可以用 0 和 1 的不同组合代表所有的字符和词汇。

随着信息理论的发展,人类开始储存规模越来越大的数据集,甚至专门开发了术语对这些数据集进行描述。信息存储的基本单位是比特,八个比特组成的数据串被称为一个字节,计算机的存储能力是以字节的倍数形式来体现的,具体如下:

1 个字节等于 8 个比特。

1000 个字节(1000)等于 1 个千字节(KB)。

1000 个千字节(1000^2)等于 1 个兆字节(MB)。

1000 个兆字节(1000^3)等于 1 个吉字节(GB)。

1000 个吉字节(1000^4)等于 1 个太字节(TB)。

1000 个太字节(1000^5)等于 1 个拍字节(PB)。

1000 个拍字节(1000^6)等于 1 个艾字节(EB)。

1000 个艾字节(1000^7)等于 1 个泽字节(ZB)。

1000 个泽字节(1000^8)等于 1 个尧字节(YB)。

以此为衡量单位,美国国会图书馆存储的全部信息大约是 15 个太字节。[1] 今天的大型企业存储拍字节的数据并不鲜见。谷歌、脸书、亚马逊和微软合计存储的数据约为一个艾字节。[2] 在谈论当今计算机时代的大数据时,我们通常面对的是拍字节和艾字节规模的问题。

对于计算机的计算能力和其能解决问题的复杂性,目前主要存在三个方面的限制条件。第一个条件是可用的存储量,第二个条件是中央处理单元可添加的二进制数据大小,第三个条件是中央处理单元可执行加法运算的速度。经过 70 多年的发展，这几项指标的性能得到了极大的提升。

存储技术从 20 世纪 70 年代普及的穿孔卡逐渐演变为今天的固态硬盘。这些技术发展在极大降低存储成本的同时，使存储能力实现了指数级的增长。一张计算机穿孔卡可存储 960 比特的信息，而一个现代固态硬盘阵列可以存储数艾字节的数据。

1972 年发明的英特尔 8008 处理器是一款相对较新的产品。这是一款 8 位处理器，意思是最长可以添加 8 比特的数据。这个处理器的时钟频率是 800 千赫兹，即能以每秒 80 万次的频率添加 8 比特的二进制数据。

更为先进的处理器，如 NVIDIA 特斯拉 V100 图形处理器（即显卡），能以每秒 15.7 万亿次的频率处理 64 位二进制数据串。这样的速度简直令人无法想象。

在此我想表达的观点是，随着亚马逊 AWS 云、微软 Azure 云以及 IBM 等弹性云计算速度的加快，21 世纪计算机处理能力和存储技术方面取得的进步使人类获得了无限的存储和计算能力，而且存储计算的成本也变得越来越低。这一现实使我们可以解决很多以前无法想象的问题。

这一切和大数据有何关系呢？如前所述，由于历史条件对计算能力的限制，以前我们只能依靠具有统计学意义的重要数据集样本进行计算，无法处理或计算整个数据集。我们会利用统计方法对样本做出结论推断，但是这样又会存在采样错误和置信区间限制等问题。关于这些问题，大学时代的统计学课程都会有所涉及。

大数据现象的重要意义，与其说是扩大了数据集处理规模，不如说是实现了数据集的完整采用和杜绝了采样错误。随着大规模计算和存储能力的普及，现在我们可以访问、存储和处理与待处理问题相关的全部数据集。比方说，大数据和精准医疗活动息息相关，我们可以基于此处理美国人口的历史医疗数据和基因排序等问题。

当数据集足够完整时，我们就可以处理所有数据。这种做法会彻底改变以前的计算模式，帮助人类解决很多从前难以解决的难题。我们可以开发高度精确的预测模型，生成可靠的预测分析结果，进而推动人工智能的发展。这些才是大数据真正令人着迷之处。

尽管具有划时代意义，这一技术在管理数据、开发部署人工智能和物联网大规模应用等方面仍存在复杂的挑战。本章我们将讨论大数据对现实生活应用方面的重要影响，分析大数据案例如何推动数字化转型，以及运用大数据技术时面临哪些重要挑战。要想利用大数据创造价值，企业必须积极采用新的流程和技术，包括为大数据应用专门设计新的系统平台。

在利用大数据方面，传统组织机构要比初创企业或市场新秀拥有更大的优势。传统机构已经累积了大量的历史数据，其庞大的客户群和业务规模又保证了新数据的不断累积。当然，这些机构在访问、整合和挖掘数据价值方面仍会遇到不小的挑战。简而言之，传统组织机构在利用大数据方面会具备一定的先发优势。

为了更好地了解今天的大数据技术，我们有必要先谈一谈数据技术的历史发展过程，弄明白它是怎样一步一步演变成今天这个样子的。

计算机存储简史

最早出现的存储设备

人类有历史记录以来最早出现的存储设备，当属在美索不达米亚平原的乌鲁克城发现的黏土碑。这块黏土碑的历史可以上溯到公元前3300年，如今被收藏在大英博物馆。[3] 黏土碑记载的是支付给工人的啤酒配给记录。它不仅是早期楔形文字的实物证明，同时也是记录特定交易数据的存储载体，可以用来检索和复制信息以平息争执或法律争端。

我们可以想象得到，在美索不达米亚平原的大仓库里肯定有很多这样的记录，用以协助政府人员执行协议内容。实际上，亚述巴尼拔皇家图书馆（位于尼尼微城，今伊拉克境内）就是这种性质的大仓库，其中收藏了3万多块黏土碑，包括著名的吉尔伽美什史诗。[4] 这座图书馆在公元前612年被毁灭，但是其中不少黏土碑得以流传下来，向后人展示了美索不达米亚时代两河流域文学、宗教和政府管理等方面的大量数据信息。

随着时代的发展，人类对数据存储、检索和管理的需求日益增长。始建于公元前3世纪的亚历山大图书馆（据说是受亚述巴尼拔皇家图书馆启发而建），在其顶峰时期存有40万到100万份草纸卷和羊皮卷。这些书卷涉及算数、天文、物理、自然科学等各个领域，其搜集过程可谓浩大工程。当时所有到港船只都要被搜查有没有携带新书，那时的信息检索和复制成本也非常高昂，抄写100行经文要支付25个第纳里（相当于今天3125美元）。[5,6]

近代历史上一系列重要事件的发生为大数据的出现拉开了序幕。在中世纪欧洲科学家积累的大量天文学数据的基础上，哥白尼在16世纪初提出了震惊世界的日心说。

一百多年后，来自伦敦的约翰·格朗特和威廉·配第根据对黑死病死亡率公共卫生数据的调查绘制出患者存活率分布图。这是人类历史上较早出现的普查统计模型，标志着当代人口统计学的诞生。还有安东尼·范·列文虎克等科学家依据对微型生物的分类开创了微生物学的新领域。

进入 19 世纪初，美国海军军官马修·莫里利用在航海图和仪器库的工作便利，对几十年来的船长日志进行数据挖掘，制作出的北大西洋海风和海流图成功改变了大西洋海运的面貌。

19 世纪晚期，美国人口普查局计划对 1890 年的普查数据进行汇集和整理。这是一项需要耗时十年的漫长工作，为此，政府专门委托来自麻省理工学院的赫尔曼·何乐礼开发新的解决方案。何乐礼成功发明了穿孔卡，这种电子制表机器把需要耗时十年的工作变成了三个月的项目。20 世纪 50 年代计算机出现之前，人们一直使用机器迭代的方式处理数据。何乐礼的这项重要发明推动了 1911 年计算制表记录公司的成立，后来这家公司更名为家喻户晓的国际商用机器公司——IBM。

1940 年之后的计算机存储发展史

几千年来，手写和印刷一直都是人类存储记录数据、思想和观点的主要方式。直到现代计算机出现之后，这种状况才经历了翻天覆地的变化。这种变化起初十分缓慢，后来呈现出日益加速的趋势。

最早出现的计算机是体积如房间般大小的设备。具有代表性的老爷机包括 1942 年爱荷华州立大学开发的 Atanasoff Berry 计算机（简称 ABC 计算机），二战时协助盟军破解德军密码的 Bombe 和 Colossus 计算机，1944 年哈佛大学研发的马克一号计算机，以及 1946 年宾夕法尼亚大学开发的电子数值积分计算机 ENIAC（也称埃尼亚克计算机）。这些早期计算机都使用电子机械中继型计算方式，存储数据和结果的能力非常有限。[7]

最早使用存储信息（存储器）的计算机是曼彻斯特大学的 SSEM（小型试验机）和剑桥大学的 EDSAC（电子延迟存储自动计算机）。这两种机型都是在 1949 年投入使用的。EDSAC 计算机的存储器使用的是原用于雷达的延迟线技术，其原理是让一组信息在水银中不断循环，直到被系统读取调用。EDSAC 存储器最终实现了 18 432 比特信息流的循环，相当于 512 个 36 位词汇。[8] 当时，系统访问一次 EDSAC 存储器需要花费 200 多毫秒。

20 世纪 50 年代，由美国著名计算机公司工程研究协会（ERA）设计开发并投入商用的阿特拉斯（Atlas）计算机问世，这台计算机采用了电磁存储方式。它的磁鼓存储器可容纳近 400 千比特的信息，数据读取时间约为 30 微秒。1951 年，UNISERVO 磁带存储器问世，每盘磁带有 1.6 厘米宽、365.76 米长，以镀镍磷青铜制成，可存储 184 万比特数据，读取时间仅为 10 到 20 微秒。数据存储领域其他值得一提的技术发明还有 1953 年麻省理工学院开发的旋风核心存储器、1956 年 IBM 开发的 RAMAC 磁盘驱动器（第一款磁盘驱动器）以及 1966 年 Signetics 公司研发的 8 比特随机访问存储器（最早出现的半导体存储设备之一）。[9]

EDSAC 存储器问世 30 年后，1982 年推出的 Commodore 64 计算机售价 595 美元，可存储 64KB 数据。[10] 这个容量是 EDSAC 存储器的 30 多倍。IBM 推出的 3380 直接访问存储设备的二级存储量达到了 2.52GB，是 30 年前阿特拉斯电脑的 54 000 倍。[11] 随着技术的快速发展，以比特为单位的数据存储成本不断降低，数据访问速度出现了几何级的增长。

1984 年，日立公司首创闪存，这种存储器很快在多媒体卡、内存条、移动电话和其他领域得到了广泛应用。2017 年，西部数据公司推出的 400GB 存储卡虽然只有指甲盖大小，却比上一代产品的容量翻了一倍。其销售价格也只有 250 美元，相当于每 GB 的成本还不到一美元。[12] 一年后，Integral Memory 公司推出了 512GB 的 SDXC 存储卡，每 GB 的成本也不到一美元。

数据中心存储

与此同时,数据中心存储的模式也出现了重大改变。早期的数据中心采用简单的直连式存储(DAS)或网络式存储(NAS),这两种存储方式都带有冗余系统——用于在专有服务器上运行的特定应用程序。数据中心存储模式后来发展到存储局域网模式(SANs),通过高速网络把存储器连接到一组服务器上,以此提供更为灵活和便于升级的应用访问。这种新模式为虚拟化的出现奠定了基础,把存储从计算和网络资源中分离出来,为实现资源的高可塑性提供了框架。在初级应用阶段,这种模式推动了企业软件的爆炸性增长,如企业资源规划系统、客户关系管理软件、电子商务、视频和流数据。随着系统性能和可靠性的提升,这些数据中心架构为实时云端服务和应用程序的出现铺平了道路,构成了今日大数据分析能力的核心。

CPU 存储

中央处理器(CPU)存储能力的提升是推动大数据分析的另一个重要因素,即计算机 CPU 内部的存储能力已经可以实现对数据的快速访问和高速处理。当今的 CPU 存储技术(包括缓存、寄存器、静态和动态随机访问存储器、固态存储器)在工作量处理方面发挥着十分重要的作用。CPU 的处理速度非常快,但是它的存储容量有限,而扩展成本又非常高昂。为此,开发低成本高性能的 CPU 存储技术至关重要,例如英特尔推出的 Optane 相变存储器(PCRAM)以及基于 Redox 的阻变存储器(ReRAM)。这些新技术将会改变现有存储状况,帮助组织机构以更快的速度对大型数据集执行运算。

数据存储向云迁移

我们在第四章提到，2002 年亚马逊网络服务（AWS 云）的推出非常低调。实际上，一开始它只是一项为电子商务团队提供的内部服务。由于性能表现突出，公司管理层后来才决定将其作为一项产品发布。经过 15 年的发展，亚马逊 AWS 云服务如今每年可创造 170 亿美元的收入。截至目前，其云端数据存储和计算服务已经遍及全球。

云服务的价值定位很简单，通过共享资源为众多用户提供计算和数据存储服务，购买服务的成本会低于企业自行采购安装信息系统的开支。目前，亚马逊 AWS 云已经推出了一千多种云服务，活跃用户数量超过 100 万，成为弹性云计算和存储领域的主要服务提供商。它的数据存储产品包括：

- 亚马逊 S3：针对对象存储的简单存储服务。
- 亚马逊 RDS：托管关系型数据库。
- 亚马逊 Glacier：用于归档和备份的在线文件存储网页服务。
- 亚马逊 RedShift：拍字节规模的数据仓库。
- 亚马逊 Dynamo DB：免服务器型低响应延迟率的 NoSQL 数据库。
- 亚马逊 Aurora：MySQL 和 PostgreSQL 兼容型关系数据库。

目前，亚马逊 S3 存储服务每月每 GB 的费用只有 2 美分多一点。这些服务的价格未来还会随着技术的发展进一步下降。与此同时，其数据传输速率达到了惊人的 10GB 每秒。此外，微软、谷歌和其他云服务商也在推出竞争性产品，推动了行业技术创新和使用成本的下降。这些市场竞争活动带来了种类丰富的云服务，在推动数字化转型的同时把存储服务几乎降到了零成本。

从古代黏土碑到穿孔卡再到今天云端几乎免费的存储服务，数据存储的发展史表明长期以来组织机构一直都在生成数据，并对搜集和存储的数据进行各种分析处理。过去技术壁垒的存在限制了人类对数据的获取和存储量，但云计算和存储技术的进步极大地突破了这种限制，使得组织机构可以从日益增长的数据中获取更大的价值。

大数据发展史

实际上在大数据成为热门商业话题之前（2005 年前后），技术学者一直都把大数据当作技术难题来探讨。我们在第三章提到过，大数据概念源自 20 年前天文学和基因学等领域。这些领域会产生传统计算架构根本无法处理的大量数据集。那时的系统扩展方式是纵向扩展架构，由一对控制器和几个存储设备构成。要想扩展系统，你必须增加新的存储器。如果控制器也用完了，那只能购买新的计算机。这种扩展模式不但耗费了大量成本，而且并不适合对大量数据集的存储和处理。

相比之下，横向扩展架构使用数以千计甚至数以万计的处理器以并行方式处理数据。在扩展性能时，用户要添加更多的 CPU、内存和更快的联网速度，以确保系统性能不会随着需求扩大而出现下降。横向扩展架构不但比纵向架构成本更低、应用更灵活，而且非常适合处理大数据。在此基础上，面向横向扩展架构和大数据处理的软件技术开始出现和发展，其中最著名的要属 Map Reduce 和 Hadoop 等软件系统。

大数据作为术语首次出现于 1997 年 10 月的一篇文章中，文章的作者是美国航空航天局研究人员迈克尔·考克斯和大卫·埃斯沃思，文章发表在电气工程师学会第八届视觉化会议会报上。作者称："视觉化会为计算机系统带来新的挑战。由于需要处理的数据集较大，系统的内存、本地磁盘和远程磁盘性能会受到严重影响。我们把这一现象称为大数据问题。"[13] 2013 年，大数据已成为广泛普及的术语，《牛津英语词典》甚至将其编入当年的新词增补目录，承认其已成为一种文化现象。

2001 年，META 集团的分析员道格·拉尼（Doug Laney）为大数据总结了三种描述特征，即容量（以字节、GB、EB 等单位衡量的数据集大小）、速度（以每秒字节数、每秒信息数或每日生成新数据字段数为单位衡量的数据访问或交换的速度）和类型（包括数据种类、格式、存储方式、表现机制等）。[14]

容量、速度和类型

未来大数据将会沿着容量、速度和类型三个维度继续发展进化。对组织机构而言，这一趋势不仅需要技术专家和数据专家的重视，更需要高级管理层的重视，只有这样，企业才能了解这些维度怎样为其商业资产创造价值。

容量。在过去 25 年中，全球生成的数据量出现了几何级增长。从 1997 年的每天 2.5TB（2.5×10^{12} 字节）增长到 2018 年的每天 2.5EB（2.5×10^{18} 字节），未来这一增长速度只会继续加剧。这种快速增长同样出现在企业层面，根据国际数据公司的调查研究报告，2016 年，企业平均数据存储量接近 350TB，受访企业称来年数据存储量预计会出现 52% 的增长。目前，各组织机构每天都要访问日益增长的来自内部和外部生成的大量数据。这一趋势为人工智能应用奠定了基础，海量数据可以帮助人工智能发现新的模式，做出更好的行为预测。

速度。随着物联网设备的大量出现，数据正在以越来越快的速度生成。正如大量数据可以改善人工智能算法，高频率的数据生成也可以改善人工智能的性能表现。例如，发动机以秒为单位发射的时序遥测数据要比以分钟为单位发射的数据快 60 倍，数据信息价值也大 60 倍，可以更好地支持人工智能预见性维护应用，如做出更为精确的算法推断。

类型。当今时代的数据呈现出各种不同的形式，如图像、视频、遥测信号、人类语音、手写内容、短信息、网络图形、电子邮件、文本消息、推文、网页评论、呼叫中心电话、企业网站上共享的反馈信息等。总体而言，这些数据可以分为两大类，结构化数据和非结构化数据。结构化数据包括序列、列表和记录，可以利用关系数据库和电子表格等传统工具进行有效的管理。非结构化数据（即未预定义型数据模型）包括结构化数据之外的所有其他类型，如文本、图书、笔记、发言、电子邮件、音频、图像、社交内容、视频等。在全球数据样式中，绝大部分（约占 70% ~ 90%）都是非结构化数据。[15] 现在，组织机构可以把来自任何渠道的不同数据格式汇集到一起，利用人工智能应用从中挖掘价值。

例如，油气公司可整合来自不同渠道的形式各异的数据，在此基础上将这些数据进行规范化。这些不同数据包括：来自"历史数据"应用程序（记录时序产量的软件）的遥测数据、含有历史地质分析内容的电子表格文件、来自现有资产系统的设备记录、地质信息系统经纬度文件等。随着各油井生产数据、井口监测画面以及其他渠道提供的数据的累积，企业的统一数据活动会得到进一步强化。对油气公司来说，这样做是为了用人工智能算法分析各种形式的数据以促进生产应用（如预测油井维护和推动产量）的优化。

对现代企业而言的数据前景

大数据，即获取、存储、处理和分析任何容量、速度和类型的数据的能力，为人工智能的广泛应用奠定了基础。如今，组织机构可以管理无穷无尽的数据资源，来自组织机构任何角落的数据都可能蕴含价值。每一次客户互动，供应商每一次准时或延迟交付，打给潜在销售对象的每一通电话，每一次求职查询，每一次支援申请……类似的数据来源简直永无穷尽。

组织机构会利用各种技术获取和存储数据，以此方式强化现有企业系统。以保险公司为例，它可以和矿企或酒店业合作，在工作场所安装摄像头或传感器以探测可能出现的异常物理移动，从而协助预测工人的受伤状况以及避免索赔纠纷。

与此类似，企业内部也应当建立或添加新的数据来源渠道。例如意大利国家电力公司为推动新型欺诈检测程序的应用，调查员会对机器学习在每一起识别欺诈行为的案件中做出评语反馈，因而机器学习的预测能力会在人类的帮助下日益增强和完善。美国空军对近七年飞机维修日志的全部数据进行回顾，以便从中发现和资产状况以及重要故障相关的信息。在启动该项目之前，这些数据都单独存储，和其他系统毫无关联。如今这些历史数据和飞行日志结合在一起，可以为预测性维修算法的开发提供极大的价值。

组织机构还应注意外部数据的整合，以此改善内部数据的质量，推动有价值的数据关联。例如 Yelp 等网站的用户评论、全球天气数据、航海日志、洋流和温度数据、每日交通报告等。零售商在规划新店开发时可能会发现住房建设数据很有帮助，市政电力公司在架设电网时可能会发现电缆途经路线发生闪电次数的数据很有价值。在使用这些数据方面，数据专家往往会极富创意。例如某市政电力公司在利用机器学习模型分析建筑物用电量时，参考了 OpenTable 和 Yelp 等大众点评网站的餐厅评论信息和经营时间数据。这些数据提高了模型的分析能力，例如若发现一些已经关门的餐厅存在电力消费异常高的情况，则表明可能出现了盗用电力的问题。

在组织机构大力探索来自内部和外部的新数据源，利用人工智能分析集成数据集以创造新价值等方面，大数据技术无疑为人类打开了新的大门。然而，管理大数据对组织机构仍会构成相当的挑战。

大数据对现代企业的挑战

当今企业要面对各种系统、数据源、数据格式和潜在应用案例。要想创造新价值，企业全员都必须了解各种数据，理解支持这些数据的信息系统架构，然后才能把数据集关联到商业案例应用和价值创造的流程中去。整个过程的复杂程度可想而知。

解决这一问题唯一可行的办法就是把正确的工具、计算技术和组织流程组合在一起。大多数组织机构一开始都需要外部专家帮助其启动大数据和人工智能应用活动。

下面我们来谈谈组织机构在大数据时代要面对的五大挑战。

1. 应对企业资源系统多样化问题

对《财富》500强企业来说，每个公司平均至少有几百个企业级信息系统。这些系统涉及企业的各个方面，如人力资源系统、薪资系统、财务系统、发票系统、内容管理系统、客户关系管理系统、企业资源规划系统、资产管理系统、供应链管理系统、身份管理系统等等。一家领先的全球制造商，其信息技术部门甚至要管理维护超过2000多个不同的企业应用程序。

再来看看电网系统的案例。在美国，供电服务公司需要自营发电设备、输电设施、变电站、配电站和电表计费系统,这些系统负责为数千到数百万用户提供服务。支持此类服务的企业级信息技术系统通常都是从业内领先的设备和信息技术供应商那里采购的,如施耐德和西门子公司的数据采集与监控系统(SCADA)、IBM的劳动力管理系统、SAP的资产管理系统、西屋电气公司的涡轮监控系统,等等。首席执行官是推动这些信息技术系统在组织机构内部实现集成的关键。此外,这些系统的设计并没有考虑到跨部门操作性。在两个或多个不同系统之间集成数据,例如整合配电数据(如某街区变压器侧的总用电量)和用电数据(如该街区所有用户的用电量总和),是一项极其耗费时间和精力的工作。

不同的数据格式、各数据源之间无法匹配的参考值,以及重复出现的数据会使这项工作变得更加复杂。通常,企业可以对组织机构内部数据和外部数据之间的关联做出逻辑化描述,这种描述往往以对象关系模型或实体关系图的方式呈现。但是在实际应用中,通过整合底层数据来创建可通过同一对象关系模型访问的统一数据形象,是一件非常烦琐的工作。对不同数据实体和目标行为之间的相互关系进行映射和编码需要花费开发人员数周的时间。

2. 整合高频数据

管理来自不同系统的数据,其复杂性已经令人感到头疼,探索价值链并对实时流入数据进行分析更是难上加难。我们稍后会在第七章做进一步说明,这种现象正在加速造成高频数据的大量出现。这些数据本身并没有多大价值,要想创造价值就必须把它们和其他信息进行整合。

例如,海上低压压缩机的废气排放温度读数在监测特定资产状态时的信息价值非常有限。但是,这些读数如果和环境温度、风速、压缩机泵速、历史维修记录、维修日志,以及其他数据及时关联起来,就会发挥十分重要的作用。例如，要想对 1000 台压缩机的废气排放温度进行异常检测，然后向相关钻井平台上的相关操作人员发出警报，则需要同时了解高频传感器读数以及天气状况等外部数据，还需要在原始数据和发射数据的设备、详细记载操作记录的工作日志之间建立关联。

开发可支持上述案例的应用程序需要各方协力，以拥有快速检索时序数据的能力（通常使用分布式键值数据库，这是一种专用数据库）、对工作日志和海上资产标签进行搜索分类的能力（通常使用来自不同系统的关系数据库），以及向工作人员报警的能力（通常使用企业软件程序或常见的通信工具）。

3. 与数据湖 / 数据池协作

21 世纪伊始，雅虎公司的工程师开发出了可支持并行方式大规模扩展的分布式存储系统和计算框架，即 Hadoop 分布式文件系统（HDFS）和 Hadoop MapReduce 框架。这一系统框架在随后 10 ～ 15 年的时间里掀起了一波企业应用热潮，很多试图把此技术进行商业化应用的公司都在大力推广这一框架，如 Hortonworks、Cloudera 以及 MapR 等公司。阿帕奇软件基金会也在支持相关项目的开发，如阿帕奇 Pig、阿帕奇 Hive 和阿帕奇 Sqoop 等项目。这些项目都是通过独立设计开发来实现对分布式文件系统应用和互操作性的支持。分布式文件系统的开发旨在建立可升级架构以存储来自企业的所有数据（无论这些数据是什么格式或是否结构化），以及开发一种强大的用查询分析框架分析数据的方式。

尽管初衷很好，但是企业对 Hadoop 技术的应用率却十分低。[16] 超过一半的企业信息技术负责人并没有把它作为优先选择。在选择该技术的企业中，70% 的公司用户还不到 20 人。技术难题、实施挑战和部署问题，这些都是限制企业广泛应用 Hadoop 技术的原因。实际上，和不同企业系统之间数据各自为政的局面相比，把所有数据集中到一个平台，以此方式存储大量不同类型的数据，并不能降低数据的复杂性。人工智能应用在对不同数据集进行价值挖掘时通常要进行大量的数据预处理，如数据规范化和删除重复数据，这些都是 Hadoop 并不具备的功能。

4. 确保数据的一致性、参照完整性和持续下游应用

组织机构应用大数据的第四个挑战是把所有现有数据视为统一连贯的内容。保持这些数据，以及使用这些数据的所有下游分析工具的实时更新，仍是一项高度复杂的工作。这是因为各系统的数据传输速度不同、数据格式不同，由于网络延迟造成的数据传输顺序也不同。为了支持企业工作流，选择哪些分析工具需要更新以及何时更新，这些差别会变得更加微妙。

以电信服务商为例，我们来看一下企业在预测手机用户流失率时会遇到怎样的情况。在这个案例中，用户统一观点和相关数据更新频率如表 5-1 所示：

表 5-1

数据集	数据产生频率
呼叫量、文本量、数据量以及元数据	每秒一次
每次呼叫的信号强度	几分钟一次
呼叫不畅的次数	几分钟一次
数据带宽使用不理想的次数	几分钟一次
用户所在位置信号塔密度/拥塞程度	几分钟一次
持续计费	至少一天一次
距离手机上次升级的时间	一天一次
通信应用的使用情况和请求	几天一次
账单发布时间	每月一次

(续)

数据集	数据产生频率
用户致电呼叫中心的时间及其情绪	不定
用户访问营业厅的时间及其情绪	不定
访问客服网站的时间	不定
访问"如何停止服务"网页或手机内置应用的时间	不定
呼叫竞争对手客服热线的时间	不定
网内呼叫和文本的强度/所占份额	每月一次
产品服务采购	几个月一次
客户关系报告	几个月一次
第三方用户人口统计	几个月一次

数据抵达频率方面的差异十分重要，数据错误会让这一问题变得更为复杂。假设呼叫中心系统在记录顾客投诉时搞错了用户的身份，系统记录就会是无效的。更重要的是，如果客户流失率预测模型使用了掺杂有这些错误内容的数据集（例如在 24 小时内统计过去半年致电呼叫中心，投诉带宽问题和呼叫掉线且情绪反应为"负面消极"的呼叫次数），并在此基础上不断更新的话，势必会造成巨大的计算负担和分析的过时。

企业在实施数字化转型和应用人工智能的过程中，必须了解这些问题并做好解决问题的行动规划。它们需要利用正确的工具推动不同频率数据的无缝整合，确保数据的参照完整性，并自动升级基于不停变化的数据集的分析结论。

5. 利用新工具和新技能满足新的需求

随着企业内部数据可用性和访问性的日益改善，系统对工作人员的技能要求也相应地提高了。例如，习惯使用 Tableau（一款广为使用的数据可视化软件，可使用图表制作商业报告）的商业分析人员，现在要做的不仅是用软件做报告，还必须开发机器学习模型以预测业务的关键绩效指标（KPI）。同样，几十年来熟练应用电子表格的企业管理者，现在也必须学习新的技能和工具以检验分析人员预测工作的准确性。

企业信息技术和分析团队应提供合适的工具，让对数据科学了解程度参差不齐的员工可以熟练使用大数据集工作，并能利用统一的数据图象进行预测分析。这些工具包括供技术外行和企业高管使用的即拉即用型工具（drag-and-droptools），供训练有素的业务分析人员使用的轻度编程工具，供资深数据专家和应用开发人员使用的一体化开发环境，以及供数据工程师和在幕后负责数据图像升级的一体化架构师使用的数据集成和维护工具。

大数据和新技术栈

数字化转型的成功在很大程度上取决于组织机构利用大数据挖掘价值的能力。虽然大数据的管理需求十分复杂，但下一代技术的出现会为组织机构应对这一挑战提供有力的工具。在第十章，我们会深入探讨如何利用新技术栈开发大数据管理能力的问题。具备这种重要能力之后，组织机构就能释放出人工智能带来的巨大变革力。

DIGITAL
TRANSFORMATION

| 第六章 |

人工智能的复兴

我们在前两章介绍的云计算和大数据分别构成了数字化转型的硬件基础和原材料。在本章和下一章，我们要介绍的是可以利用云计算和大数据推动数字化变革的两种重要技术，即人工智能和物联网。有了这两种技术，组织机构就可以释放巨大的商业价值，重塑经营方式，创造新的商业模式和收入来源。

近年来人工智能技术的发展有急剧加速的趋势。实际上，这种技术已经发展到了无论怎样评价其重要性都不夸张的程度，因为它在推动各行业流程改善方面的潜力几乎是无穷的。

尽管潜在价值巨大，人工智能仍是一个公认的深刻且复杂的领域，大部分组织机构都需要技术合作方提供专业服务，帮助它们启动和顺利应用这一技术。有了合适的技术基础和专家指导，投资人工智能应用的组织机构才能更好地利用该技术带来的短期和长期竞争优势。反之，无法抓住这一机会的企业将会处于巨大的劣势之中。

在本章我们要回顾一下人工智能的发展过程，说明它和企业多年来高度依赖的传统计算机科学的区别，以及它在各种应用案例中的出色表现。为了更好地理解人工智能为什么会引起企业的高度重视并进行大量投资，我们有必要先了解一下它的发展历史。我会简要介绍人工智能从20世纪50年代出现一直到近年来所取得的进步，证明这是一种任何组织机构都必须采用的重要技术。此外，本章还会介绍人工智能技术带来的挑战，以及组织机构应当如何应对这些挑战。

计算机科学的新模式

逻辑型算法是传统计算机科学的核心。几十年来，计算机科学家已经习惯于把算法视为一系列逻辑化的步骤或流程，这些步骤和流程能转化成机器可理解的指令，然后机器可以按照这些指令有效解决相关的问题。传统算法思维十分强大，可以解决很多领域的计算机科学问题，如数据管理、网络、搜索等。

在过去50年的发展过程中，逻辑型算法为企业各个方面的转型带来了巨大价值，如企业资源管理、供应链、制造、销售、营销、客服和商务等环节。它也改变了人类沟通、工作、购物、访问信息和娱乐的方式。例如，帮你实现网上购物的应用程序背后实则是一串很长的代码；你输入某个关键字搜索特定产品时，系统应用执行的是与搜索活动相关的代码。逻辑型算法无处不在，它能帮你计算税金、选择送货方式、处理付款，还能给你发送收据。

传统的逻辑型算法能有效解决很多不同的问题，但是在处理某些对人类来说轻而易举的任务时却变得不那么有效。例如，识别出图片中的猫对人类来说简直易如反掌，但是编写传统计算机程序完成这一工作却极其麻烦。你要开发一套识别方法，然后把猫的所有特征变量进行编码和参数化，如体型、种类、颜色，以及它们在图片中的方向和位置。这种计算机程序非常复杂，然而一个两三岁的孩子不仅可以毫不费力地从图片中找到猫，还能找到除了猫之外的很多其他事物。

与此相类似，很多对人类来说非常简单的任务，如讲话、阅读和编写文本信息、识别照片中的人、理解语音等，对传统逻辑型算法来说都极其困难。多年来，这些问题一直困扰着机器人、车辆自动驾驶、医学等领域的智能化发展。

人工智能算法和传统逻辑型算法完全不同。很多人工智能算法的开发，其原理并不是编写执行某一任务的计算机程序，而是设计一个直接利用数据学习经验的程序。这样一来，开发人员不用编写明确的指令去识别猫，而是利用大量含有猫的各种图片来培养人工智能算法，帮助计算机程序做出正确识别。本质上，这种通过分析大量相关图片的方式来推断目标对象是不是猫的算法很像人类的学习方式。

前面的章节已经提到，当今时代以我们的技术和计算能力可轻松处理各种大量数据集（大数据），培养人工智能算法对这些数据进行分析。这表明，只要组织机构可以在其经营活动中获取足够多的数据集，它们就能利用人工智能来改变其业务流程和用户体验，推动人工智能驱动型数字化转型时代的到来。

正如20世纪90年代和21世纪初商用互联网的出现颠覆了商业模式一样，无处不在的人工智能会在未来几十年同样深刻地改变商业模式。人工智能已经在很多方面影响甚至塑造了我们的生活，然而即便如此，人类仍处在这场转型的襁褓期。谷歌是最早大规模应用人工智能的企业之一，这一技术在其所有业务领域中都发挥着重要作用。[1]人工智能极大地推动了谷歌的核心业务——搜索引擎的发展。谷歌所有的搜索结果都是通过高度复杂的人工智能算法提供的，这些算法由一大群数据科学家和工程师定期维护和更新。[2] 广告是谷歌最重要的收入来源，这项业务也是通过复杂的人工智能算法推动的，具体包括确定广告位置、定价和目标受众定位等。

谷歌语音助手使用人工智能和自然语言处理（NLP）技术为消费者提供了复杂的语音式互动和控制服务。谷歌的母公司 Alphabet 有一个名为 Waymo 的从事车辆自动驾驶研发的子公司，它开发的自动驾驶车辆已经驶上了街头。Waymo 的核心技术是自动驾驶算法，这种算法也是通过人工智能实现的。

其他面向消费者的企业也开发了类似的产品。奈飞公司使用人工智能向用户提供影片推荐服务，亚马逊使用人工智能在其电商平台上向用户提供产品推荐、定价管理和促销服务。[3] 还有很多公司，如美洲银行和达美乐比萨，使用人工智能型聊天机器人处理客服和电商等业务。

尽管谷歌、奈飞和亚马逊等公司采用人工智能技术推动的是面向消费者的服务应用，但实际上任何类型的组织机构，包括 B2C、B2B 和政府部门，很快都会在其业务流程中大量应用人工智能。由此产生的经济价值非常大，根据麦肯锡公司的预测，2030 年人工智能将会为全球 GDP 带来 13 万亿美元的增长。2017 年普华永道的研究显示，人工智能会带来 15.7 万亿美元的经济增长，推动全球 GDP 增长 14%。

人工智能并非新概念

要想了解人工智能技术为什么会引起企业如此广泛的关注，我们有必要回顾一下它的发展历史。有意思的是，人工智能的发展历程在向我们展示零星的发明创新是如何汇聚并演变成主流的重大技术的。

人工智能并非全新的领域。20世纪50年代，这一领域最早出现的概念是"思考型机器"，其代表性事件是英国计算机科学家和数学家阿兰·图灵发表的推测机器能否思考的论文。在论文中，他提出了定义机器思考行为的"图灵测试"。[4]要通过图灵测试，计算机必须表现出和人类毫无差异的行为方式。

"人工智能"这一术语出现于1955年。当时在达特茅斯学院担任数学教授的约翰·麦卡锡使用这一颇具中性色彩的表达来描述这一刚刚兴起的技术领域。[5]为此，麦卡锡等人曾建议召开1956年夏季研讨会。他在建议信中称：

> 我们建议1956年夏季在新罕布什尔州汉诺威市达特茅斯学院举办为期两个月的，由十人参加的人工智能专题研究活动。
>
> 这项研究希望在技术猜想的基础上讨论学习行为的各个方面和机器智能的特征，以确定机器能否模拟人类的学习能力和智力。
>
> 我们将尝试发现如何让机器使用语言、形成抽象概念、解决只有人类才能解决的问题，以及如何自我改善。我们认为如果能精心甄选一批科学家在这个夏天共同探讨这些问题，一定会在一个或多个领域取得重大进展。[6]

这次研讨会普遍被视为人工智能作为一个研究领域正式出现的标志。很快，各个高校开始推出相关的研究项目。1963年，麻省理工学院在国防高级研究计划局的资助下启动MAC项目（数学与计算项目）；[7] 1964年，伯克利大学启动Genie项目；[8] 1963年，斯坦福大学启动人工智能实验室；[9] 1972年，南加州大学成立信息科学研究院。[10]

麻省理工学院马文·明斯基的工作很快引起了学术界对这一领域的浓厚兴趣。在他的带领下，麻省理工学院计算机科学和人工智能实验室正式成立。[11] 麻省理工学院的明斯基和约翰·麦卡锡、康奈尔大学的弗兰克·罗森布拉特、卡内基－梅隆大学的阿兰·纽维尔和赫伯特·西蒙，以及耶鲁大学的罗杰·尚克等人都是早期人工智能研究的重要参与者。

在前期研究的基础上，20世纪六七十年代，全世界范围内出现了一股人工智能热潮，各种夸张的预测开始充斥整个流行文化圈[12]——机器很快会变得和人类一样聪明，甚至比人类还要聪明；它们会接管人类负责的工作，并最终拥有超过人类的智商等。显然，这些可怕的预言一个也没有实现。

人工智能实践者的早期努力在很大程度上是失败的，机器并不能代替人类处理哪怕是最简单的工作。之所以会失败，一个重要原因是当时的计算能力存在很大局限。在20世纪60年代到80年代，计算机领域的发展十分迅猛，但是机器还没有强大到可以解决人类现实生活中的问题。在这几十年的发展过程中，计算机的性能在增强，尺寸在缩小，从原来像房间一样大一直发展到大型机、小型机和个人电脑。

IBM公司于1954年推出的IBM650是最早投入商用的计算机之一。当时这台计算机价值50万美元，内存可容纳2000个10位单词，重达900公斤。[13] 相比之下，2017年苹果公司推出的iPhone X手机的售价为999美元，内置64位A11芯片和3GB运行内存，只有手掌般大小。[14,15] 计算机性能如此巨大的进步充分证明了摩尔定律的正确性。如今随处可见、只有"白菜价"的计算机，比起明斯基那个时代的计算机，在性能上强大了何止1000倍。

计算性能低下只是人工智能早期实践者面对的局限之一。另一个问题是当时底层数学概念和技术并没有得到很好的研究和发展。20 世纪 60 年代，人工智能的一些早期研究曾关注过神经网络等高级算法技术，但是这些理念并没有取得很大的进步。1969 年，明斯基和西蒙·派珀特曾合著《感知器算法》一书（*Perceptrons*）。[16] 如今，这本书被一些学者视为人工神经网络领域的奠基之作，为今天广泛使用的人工智能算法技术揭开了序幕。遗憾的是，这本书当时在其他实践者看来不过是对该技术局限性的罗列。进入 70 年代，人工智能研究的方向开始转向符号推理系统。可惜的是，这些理念并没有创造多少经济价值。

人工智能发展的寒冬

20 世纪 70 年代中期，各大投资机构对人工智能的研究开始失去兴趣。过去几十年的人工智能研究固然取得了一些重大的理论进步，如利用反向传播培育神经网络，但是除了一些初级案例之外并没有出现多少切实可用的应用程序。[17,18] 人工智能研究者关注的重要领域如语句理解和车辆自动驾驶，并没有出现重大技术突破。很多报告为此对人工智能研究持批评态度，如数学家莱特希尔受英国政府委托发布的报告。[19]

随着 20 世纪 60 年代到 70 年代初人工智能研究活动的喧嚣落幕，人们开始对这一技术失去兴趣。[20] 计算机科学研究人员开始关注其他领域的工作，人工智能进入第一次寒冬期。

20 世纪 80 年代，人工智能的研究再次掀起一个短暂的高潮。这个时期的研究，重点是利用各种规则帮助机器变得更聪明。其具体理念是，在给定足够规则的情况下，机器会完成特定的实际工作并展现出一定的智能。受此影响，"专家系统"概念开始形成和发展，LISP 等语言被用来进行有效的逻辑编程。[21] 专家系统背后的理念是，在一组启发规则的基础上，用计算机程序对不同领域专家的知识和观点进行编码。

这一理念认为，计算机可以学习各个领域专家的经验（如最好的医生、消防员、律师等），将其知识在专家系统中进行编码，然后提供给广大从业者使用，使更多的人可以从这些专业经验中受益。

这些系统一开始在一些行业中得以应用并取得了一定的商业成功。但是专家系统的效果并不理想，现实中的技术状况也难以实现预期目标。专家系统依赖一组明确的预定规则或逻辑模块来学习，并不是可适应数据变化的真正的学习系统。这种知识获取成本很高，因为系统必须依赖各领域专家提供的信息。而且，由于预定规则必须随着时间的推移不断修改，专家系统的维护成本很高。总之，机器很难轻松学习并随着数据环境的变化做出调整。20世纪80年代末，人工智能的发展进入了第二次寒冬。

人工智能的复兴

进入21世纪之后，人工智能领域在三大推动力的作用下重新焕发生机。第一个推动力是摩尔定律的出现，它带来了计算性能的突飞猛进。受此影响，计算机行业见证了处理性能的极大提升，计算机外形尺寸的逐步优化（从大型机、小型机、个人电脑、笔记本一直到移动计算设备的出现），以及计算成本的稳定下降。

第二个推动力是，互联网的高速发展为系统分析提供了海量数据。互联网巨头谷歌、奈飞和亚马逊等公司积累了数百万甚至数十亿消费者的数据，这些数据来自用户的搜索查询、点击率、购买选择以及娱乐喜好等。这些公司需要先进的技术去处理和解释这些海量数据，并利用技术改善其产品和服务。人工智能技术可以直接满足这些企业的需要。云计算的出现，让计算资源在互联网上得到了无处不在的应用。我们在第四章提到过，公共云可提供价格低廉的计算资源，帮助企业实现弹性应用和横向扩展。换言之，云计算时代的企业可以随时随使用各种网上的计算资源。

第三个推动力是随着上述技术的成功应用，人工智能领域在 20 世纪 90 年代到 21 世纪初取得的数学概念的突破。其中，机器学习（也叫统计学习）是人工智能子领域出现的一项重要突破。AT&T 贝尔实验室的研究人员何天琴（Tin Kim Ho）、科瑞娜·考特斯（Corrinna Cortes）和弗拉基米尔·瓦普尼克（Vladimir Vapnik）为此技术的发展做出了重要贡献，他们使用统计知识成功开发了训练高级算法的新技术。

研究人员开发的这种新技术，可以用数学方式把复杂的非线性问题转换成线性规划问题，然后利用云端强大的计算能力解决。从业者快速解决了各种新问题，构造了一系列高级算法技术，机器学习能力也随之开始增强。

机器学习的早期应用案例包括谷歌、亚马逊、领英、脸书和雅虎等公司面向顾客的应用程序。这些公司的机器学习工作者利用其技能改善了搜索引擎的搜索结果、广告位置和点击率，以及产品服务的高级推荐系统。

开源人工智能软件

来自这些公司的很多机器学习工作者和学术界研究者使用的都是开源编程模式，即编程人员把源代码（系统最核心的底层技术功能）无偿发布到网上供学者和其他开发人员使用，这样做可以加快整个行业的创新步伐。阿帕奇软件基金会是目前最知名的开源代码库。

与此同时，Python 开始成为重要的机器学习编程语言，很多源代码都使用了 Python 库和相关工具。今天广泛使用的不少重要的库采用的都是开源标准。

进入 21 世纪之后，机器学习开始进入其他行业。金融服务业和零售业是最早采用机器学习技术的两个行业。交易处理和电子商务带来的大量数据是推动金融服务业采用机器学习技术的主要原因，其应用案例包括识别信用卡欺诈等。零售业使用机器学习技术是为了顺应电子商务的快速发展，以及满足与亚马逊竞争的需要。

开源运动曾经是而且一直会成为推动人工智能商用和广泛应用的重要动力。希望采用人工智能技术的企业需要面对的挑战是如何管理不同开源组件，将其整合成可供企业立即使用的商业应用程序以实现大规模部署和运营。很多组织机构试图依靠拼接不同开源组件来开发人工智能应用程序，这种方式不可能开发出可大规模部署和维护的应用程序。对此，我会在第十章详细说明这种开发方式存在的问题，同时介绍另一种解决问题的思路。

深度学习的崛起

进入 21 世纪后，另一种人工智能技术开始快速发展，这就是神经网络技术，也称深度学习技术。这种技术使用复杂的数学方法，利用大量样本数据进行学习并做出推断。神经网络技术的广泛应用得益于一些科学家的重要贡献，其中包括纽约大学的杨立昆，多伦多大学的杰弗里·辛顿以及蒙特利尔大学的约书亚·本吉奥，他们在计算机视觉和语音识别等领域进行了深入的研究和创新。

2009 年前后，随着计算机硬件的改善以及对大量数据处理能力的提升，深度学习领域的发展开始加速。尤其值得一提的是，研究人员开始使用功能强大的图形处理器训练深度学习神经网络，这种训练方式要比以前的速度快近 100 倍。这项技术突破使神经网络的商业化应用成为现实。

纵观历史，人工智能技术取得了长足的发展，从 20 世纪七八十年代使用符号逻辑和专家系统开始，发展到 21 世纪初的机器学习系统，再到 2010 年前后的神经网络和深度学习系统。

神经网络和深度学习技术在各个行业的广泛应用正在改变人工智能领域的面貌。应用这些技术的行业包括金融服务业（如识别欺诈活动、信用分析评分、贷款审核处理、交易优化等）、医疗保健业（如医学影像诊断、自动化药物分析、病情预测、制定骨科诊疗方案、预防医学等）、制造业（如库存优化、预见性维护、质量保障等）、油气开发业（如预测油田油井产量、油井产量优化、预见性维护等）、能源服务业（如智能电网优化、收入保护等）和公共安全领域（如威胁预测等）。这些只是数以百计的当前和潜在应用案例中的一部分。

当今人工智能总体现状

人工智能是一个拥有不同子域的宽泛概念，对这一领域做整体分类会让人感到有些困惑。这一领域存在的一项重要划分指标是通用人工智能（AGI）和人工智能（的区别）。

在我看来，对通用人工智能感兴趣的主要是科幻爱好者。通用人工智能意味着计算机程序可以像人类一样在各个领域中展现出广泛的智能和推理能力。至少在可以预见的未来，通用人工智能是无法实现的，它和目前存在的人工智能应用也毫不相干。我们看到，人工智能应用在某些特定的工作中很明显要比人类的表现优异得多。例如，1997 年 IBM

开发的电脑曾经击败了国际象棋大师加里·卡斯帕罗夫，现在谷歌的 DeepMind 计算机又打败了 AlphaGo，而且人工智能技术可以比人类更加精确地定位激光和读取 X 光片。尽管如此，我并不认为人工智能应用近期可以在所有方面超越人类。在我看来，可以同时下象棋、下围棋、驾驶汽车、定位激光、诊断癌症和写作诗歌的计算机程序，至少在 21 世纪上半叶都不太可能出现。人工智能从基于规则的专家系统向深度学习的演变如图 6-1 所示。

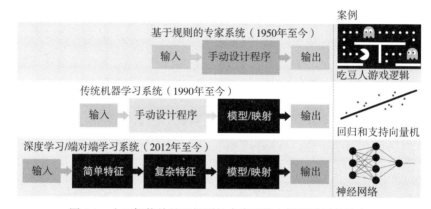

图 6-1　人工智能从基于规则的专家系统向深度学习的演变

注：人工智能已经从早期基于规则的专家系统发展如今的利用复杂神经网络和超级硬件的深度学习系统。

我在本书谈到的人工智能，指的是在与商业和政府相关的可实际运用人工智能技术的领域中，那些可帮助企业或政府管理者发挥组织机构效力的技术应用。其指导思想是，经过训练的计算机程序能够具备推理和完成特定任务的能力。例如，我们可以利用人工智能算法优化库存、预测客户流失率、预测设备故障率和识别欺诈行为。如前所述，人工智能领域在过去 20 年的发展中取得了很大的技术进步。

人工智能的不同子域主要可分为三大类，即机器学习、优化和逻辑。其中最令人期待和发展最为迅速的是机器学习领域。

机器学习

机器学习是人工智能技术的一个子域,其技术理念是,计算机不用程序编码即可利用数据直接进行学习。机器学习算法使用各种统计技术处理数据,进而对数据做出推断。其算法既会随着数据量的增加而改善,也会随着机器(或人)肯定或否定算法推断出的结论而得到改善。例如,某个探测采购交易欺诈行为的机器学习算法,在输入更多交易数据后,以及每次对它的预测结果进行判断(即确定其预测是否正确)后会变得越来越准确。

机器学习是推动人工智能技术近期发展的核心技术。通过解决各种实际问题,如改善搜索引擎的搜索结果、提供个性化推荐、过滤垃圾信息、预测故障和识别欺诈行为,这项技术向我们展现了巨大的潜在经济价值。[22]

机器学习是一个包含不同技术的广泛概念,下面我们来简要对其进行说明。

监督和无监督学习

机器学习技术包含两个子类,分别是监督学习和无监督学习。

监督学习技术需要使用带有标签的输入输出数据来训练算法。监督学习算法使用复杂的统计技术分析带标签的训练数据,以此方式推断可映射输入输出路径的系统功能。在经过大量数据的训练之后,向算法输入从未出现过的新数据,机器会使用推断功能对新数据做出应答(即输出)。

例如,在使用监督学习算法预测引擎是否会出现故障时,需要输入大量带标签的历史操作数据(如温度、速度、运行小时数等)以及说明引擎是否出现故障的带标签的输出数据（故障或无故障），以此方式训练算法。在此基础上，算法会利用这些训练数据开发合适的推断功能，预测输入的新数据是否会使引擎出现故障。在这个案例中，算法的目标是在可接受的精确范围内预测引擎故障。随着对每一次预测精度的反馈，算法可自动调整和改善其预测功能。在这里，反馈是根据引擎有没有发生故障自动生成的。在其他一些案例中，这种反馈可以由人类提供。例如在培养图像分类算法时，人类可以对机器的预测结果进行对错判定。

监督学习技术包括两类。第一类是分类技术，算法可以预测输出结果是否属于特定类别，如引擎会不会发生故障、某次交易是否存在欺诈行为，或某个图像是不是车辆。第二类是回归技术，算法预测的是价值，例如企业下一周的销售额。在预测销售额的案例中，石油公司可输入历史销售数据和其他相关数据，如天气、市场价格、产量、GDP增长率等，对算法进行训练。

相对于监督学习技术，无监督学习技术不用为数据添加标签即可实现学习功能。这种算法不预测特定结果，而是尝试在数据集中发现行为模式。聚类算法就是一种无监督学习技术的算法，它的作用是通过有意义的方式对数据进行归类。比如识别具有相似特征的银行客户，分析他们是不是潜在的产品营销对象。再比如异常探测算法，它可以定义一个数据集中的正常行为，进而识别出异常模式，如探测银行交易行为是否存在洗钱活动。

神经网络

神经网络，特别是深度神经网络，是机器学习算法新的、快速发展的方向。在神经网络中，数据输入被发送到输入层，神经网络输出的结果出现在输出层。两者之间还有隐藏层，可执行各种数据转换，对不同数据特征做出推断。深度神经网络通常有多个（两个及以上）隐藏层，具体数量通常（但不一定总是）会随着应用案例的复杂程度而增加。例如，用于识别图形是否为汽车的神经网络，与用于标记图形中所有不同物体的神经网络相比，所需的隐藏层数量较少。对后者的实际应用，如车辆自动驾驶技术中的计算机视觉识别系统，要识别和区分各种道路标志、交通标志、车道线、骑行者等信息，其复杂程度会大大增加。

2012 年，一款名为 AlexNet 的神经网络赢得了 ImageNet 大型视觉识别挑战赛的冠军。这项比赛要求算法对数百万张人类预先分好类的图片进行识别，然后将其分到 1000 个品类中（包括 90 种狗）。AlexNet 成功识别了 84.7% 的图片，错误率只有 15.3%。这一成绩比排名第二的系统在准确性方面高出了 10 多个百分点，是一项非常了不起的成就。在 AlexNet 出现之后，深度学习技术在图像处理方面取得了长足的进步，目前的识别准确率已经超过了 95%，这一表现甚至比人类还要出色。[23]

各行业的组织机构在利用基于神经网络的深度学习技术解决实际问题方面，取得了不俗的成果。在市政服务领域，神经网络可用于最小化非技术损失。从全球范围来看，每年的非技术损失达数十亿美元，如计量失误、电力盗用、未付账单和其他相关损失。通过降低非技术损失，人工智能应用程序可为用户提供更为稳定的电网供应和更高效的电费计价。

使用神经网络的一个重要优势是减少或取消特征建模。特征建模是一件极其耗时的工作，曾经在传统机器学习算法中广泛应用。神经网络允许算法直接从数据输入和输出中学习相关特征，不必再费时费力地进行特征建模。但是这种技术往往需要大量数据和强大的计算能力来训练算法，这也说明了图形处理器为什么会推动神经网络走向成功。

克服机器学习的难题

在很多人工智能的应用案例中，企业可以部署预建型、可即时商用的 SaaS 应用，完全不用自行设计开发应用，此类应用包括预见性维护、库存优化、欺诈识别、反洗钱、客户关系管理、能源管理等。除了部署预建型 SaaS 应用外，大部分大型组织机构还必须开发针对其需求量身定制的人工智能应用。

成功开发机器学习型人工智能应用既离不开正确的技能和知识，也离不开合适的工具和技术。目前，全球没有几家机构具备开发、部署和操作复杂人工智能应用的内部知识和能力，至于创造可观的经济价值就更谈不上了。绝大多数组织机构都必须聘请合作伙伴为其提供所需的知识和技术栈，以便成功开发、测试、部署和管理此类应用。

机器学习：开发和部署工作流

了解人工智能开发活动潜藏的陷阱可以帮助管理者快速实现投资收益，为组织机构带来重要的财务价值和商业利益。为了解在大规模开发部署人工智能应用过程中存在的问题，了解正确的知识、合作伙伴和开发平台的重要性，我们必须明白机器学习开发流程会涉及的各个环节。我会在本节列出开发部署机器学习型人工智能应用的整个工作流。这个流程对于机器学习专家来说肯定并不陌生。

1. 数据集转化和准备

第一步是确定系统需要的相关数据集，把数据集转化成便于机器学习的统一格式。由于数据来源于不同的渠道和软件，数据质量存在各种问题，如数据重复、数据不连续、数据不可用以及数据失序等。开发平台必须提供解决这些问题的工具，包括自动获取、整合、规范化和匹配数据的能力，将其汇集整理成适于机器学习的统一格式。

2. 特征建模

第二步是特征建模，这包括整理数据，制作数据科学家和行业专家认为的与待解决问题相关的个性化标志。在人工智能型预测维护案例中，这种标志应包括特定故障在 7 天、14 天和 21 天跟踪期内的报警数、同一追踪期内特定报警的总数，以及特定传感信号在这些追踪期内的最大值。开发部署机器学习应用的工作流如图 6-2 所示。

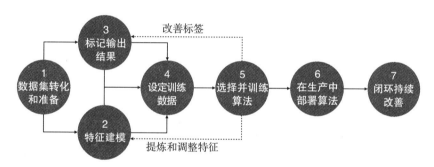

图 6-2　开发部署机器学习应用工作流

注：典型的机器学习工作流涉及多个步骤，从数据导入和添加标签，到特征建模、算法训练、测试等环节。一些深度学习方法中不再需要特征建模这项耗时耗力的工作。

3. 标记输出结果

这一步需要标记模型试图预测的结果（如引擎故障）。由于原始数据集和业务流程并没有使用人工智能进行定义，对特定结果的定义往往并不清晰。例如，在人工智能型预见性维护应用中，原始数据集很少能够识别实际故障标签。因此，工作人员必须在结合各种因素（如故障代码和维修工作单）的基础上推断故障点。

4. 设定训练数据

接下来要设定训练算法所需的训练集。这个步骤中的一些工作可能需要外部专家支持和指导。对于分类工作，数据专家必须确保正采样和负采样之间的标签平衡，为分类算法提供足够均衡的数据。数据专家还必须确保数据中的人工模式不会对分类算法形成判断偏见。例如，某市政电力公司在部署欺诈探测应用时，利用全国范围内的历史案件数据训练算法时，错误地把某个偏远小岛上的活动全部确定为可疑欺诈行为。深入研究发现，由于这个偏远小岛很难到访，调查人员只有在确定存在欺诈行为发生时才会去调查。因此，这里出现的所有历史数据都是正采样标签。受此影响，分类算法总是把岛屿位置出现的情况判断为欺诈活动，这就需要对算法进行调整。

5. 选择并训练算法

下一步是选择算法，利用训练集对其进行训练。如今可供数据专家使用的算法库有很多，这些算法库大多是由企业、大学、研究机构、政府单位或个人开发的。其中很多属于开源软件，可以从 GitHub 或阿帕奇软件基金会的算法库中得到。人工智能从业者需要在这些库中进行专业搜索，这样才能找到合适的算法，开发出理想的算法训练模型。经验丰富的数据专家知道怎样缩小搜索范围、关注正确的算法类型以满足特定使用案例的测试需要。

6. 在生产中部署算法

接下来需要在生产环境中对机器学习算法进行部署和应用。系统需要接收新数据，生成输出结果，并根据这些结果采取某种行动或决策。这一步意味着算法可能被嵌入人类使用的企业应用中以协助制定决策，例如预见性维护应用可识别并优先安排需要维护的设备，为维修人员提供工作指导。这一步体现了人工智能应用创造的真正价值，通过准确预测故障来减少设备故障和维护成本，在设备未出故障之前就实现了主动维修。为支持机器学习算法在生产环境中的应用，必须设定并管理好底层的计算硬件。为此，企业应当具备大数据集分析所需的弹性云计算环境和大数据管理能力（如数据获取和整合能力）。

7. 闭环持续改善

投入生产环境之后，还需要对人工智能算法的表现进行跟踪和管理。人工智能算法通常需要数据开发团队不断进行再训练。当市场条件变化时，企业的目标和流程也会发生变化，算法必须对新的数据源进行识别。因此，组织机构必须保持技术的敏锐性，以便随着环境的变化，快速开发、训练和部署新的算法模型。

人工智能技术在过去几十年的发展过程中逐渐进步和成熟。现在我们正处在一个前所未有的新阶段，不但有可用且强大的底层硬件技术，还有行业专家、数据专家和专业服务提供商提供的帮助，使组织机构能够更好地利用人工智能发挥竞争优势。

人工智能的商业收益

人工智能技术可为当今时代创造真正的商业价值。特别是谷歌、领英、奈飞、亚马逊等技术公司，都在大规模地使用人工智能技术。麦肯锡全球研究院预测，2016年技术企业在人工智能领域的投入高达200

亿到 300 亿美元。[24] 目前人工智能技术最成熟的、可带来实际商业价值的应用包括在线搜索、广告投放以及产品服务推荐功能。

除了技术型企业，其他关注数字化发展的行业，如金融服务和电信行业，也在积极使用人工智能技术。例如，银行使用人工智能检测和拦截信用卡欺诈，通过预测模型降低客户流失率，以及优化新客户获取流程。

医疗行业也在利用人工智能创造新价值。医疗相关企业可以很好地利用机器学习技术改善治疗效果、预测慢性疾病、预防麻醉剂和其他药物的过量使用，以及提高疾病编码的准确性。

同样，工业和制造业企业也能从人工智能应用中获益。具体应用包括使用人工智能对设备进行预见性维护，以及对整个供应链进行高级优化。

能源行业已经通过使用人工智能改变了传统的运营方式。市政服务公司可使用高级人工智能应用发现并减少欺诈行为（如盗用电力），预测用电量，以及对发电、输电和变电设备进行智能维护。

国防领域也出现了人工智能应用的案例。美国军方开始使用人工智能型预见性维护系统提高部队备战水平、简化操作流程。其他应用包括后勤优化、库存优化，以及招募和人员管理优化（如为新兵匹配更合适的岗位）。

我会在第八章和第九章对行业应用案例做进一步说明。

人工智能应用案例：解决价值 10 亿美元的客户流失问题

为了更好地说明如何利用人工智能技术解决各行业都会遇到的复杂问题，我们来看一下金融服务业是怎样利用这一技术提高客户保持率的。为了让客户满意、成功和关注自己，企业往往需要投入大量的资源进行关系维护。特别是在 B2B 业务领域，判断客户关系是否健康是一个很大的挑战。传统的工作方式是，企业需要安排专门的客户经理负责电话跟踪和手动记录，以便对客户行为进行分析。然而很多案例表明，这样做经常是徒劳无益的，当企业意识到客户准备转向其他服务商时，一切都太迟了。

在企业银行服务市场，银行之间针对一系列要素展开竞争，其中包括产品服务、利率和交易费用。银行的收入主要来源于两个方面，一是对客户交易收取的费用，二是对客户贷款产生的利息。因此，银行的企业账户经理必须高度关注客户的交易活动和现金余额，这是衡量银行收入的重要指标。这项工作在很大程度上是人为通过利用电子表格和银行客户关系管理等系统生成的报告进行管理。但是在各种内部和外部因素的影响下，如投资活动、兼并收购、竞争变化等，客户的交易量和现金余额会随时出现巨大波动，这就导致上述指标失去了衡量意义。

这样一来，企业客户经理就很难及时发现客户可能永久性缩减或终止银行业务的信号。如果客户经理能及早发现高风险客户，或许他们可以及时采取行动挽回损失。比如，当发现一些贷款逾期时，客户可能会缩减其业务量。在这种情况下，银行客户经理可以建议其调整贷款结构或是为其提供贷款咨询服务。当然，如果另一家银行为客户提供了利率更优惠的贷款，客户经理也可以适当调低本银行的利率。

面对这种复杂性，大型金融服务企业开始使用人工智能技术开发智能应用，以协助企业客户经理有效发现并主动投入到可能存在高风险的企业客户服务中。一家大型银行通常有数百位企业客户经理，为上万家企业客户提供服务，涉及的现金量有上千亿美元之巨。显然，对于如此高利润的业务，客户保持率只需稍有改善即可为银行创造巨大的经济价值。

人工智能应用首先要获取和整理来自内部和外部渠道的数据，这些数据包括多年来以不同频率出现的历史数据（如客户交易和账户余额、现金余额手续费变化、信贷风险、GDP 增长率、短期利率和货币供应），以及与账户相关的来自证券交易所和其他渠道的企业行为数据。通过对这些数据应用多种人工智能算法进行实时分析，系统可以发现高风险客户的资料，预测可能减少现金余额的客户，并向客户经理发出预警信号，帮助他们及时采取预防措施。

和传统方式相比，使用人工智能应用可以更准确地预测并及时发现高风险客户。应用这项人工智能技术之后，银行预计每年可产生约 10 亿美元的新增经济价值，这可是不折不扣的企业利润。

人工智能的经济影响和社会影响

人工智能将会对当今社会和商业产生深远的影响。根据普华永道 2017 年的调查研究，到 2030 年，人工智能预计可为全球 GDP 带来 15.7 万亿美元的增长。其中一半源自劳动生产率的提升，一半源自消费者需求的增长。普华永道预测，特定行业的潜在价值创造包括专业服务领域 1.8 万亿美元、金融服务领域 1.2 万亿美元、批发零售领域 2.2 万亿美元，以及制造业 3.8 万亿美元。

调查还表明，这种影响力在全球的分布并不是均衡的。北美地区目前暂时领先，欧洲和东亚发达地区经济体紧随其后。最终，中国的影响力有望超过其他所有国家。对全球的组织机构，特别是和中国企业竞争的组织机构来说，推动数字化转型和投资开发人工智能应用能力的迫切性不言而喻。

人工智能驱动型增长可以有效改变发达国家几十年来生产力下降的状况。但是对那些不愿做出改变的企业来说,人工智能应用造成的冲击会非常强烈,甚至是相当痛苦的。对某些组织机构来说,能否生存下来都是一个问题。

哈佛商学院著名教授迈克尔·波特关于竞争战略的作品是讨论这一领域的经典之作。他认为人工智能和大数据技术带来的"智能化互联产品的新世界"将会使全球竞争动态发生巨大改变。[25] 波特认为这不单单是竞争优势的问题,而是关系到企业生存的问题。前面曾提到自2000年以来,《财富》500强企业已经有52%被收购、兼并或宣布破产,这说明组织机构大灭绝正在真实地上演。[26]

一段时间以来,学术界、科学家和市场研究人员已经为人工智能时代的到来敲响了警钟。但是这些声音很微弱,大部分局限于技术和科学界内部。偶尔见诸报端的也是人工智能悲观论者的文章,如《名利场》杂志2017年刊载的一篇名为"终止人工智能末日的正义斗争"的声讨马斯克的文章,把人工智能技术批驳得体无完肤。[27] 一直到2018年初,对人工智能影响的关注才开始出现在达沃斯论坛等国际舞台及其后续的媒体报道中。随着大众媒体和学者对这一话题的添油加醋,关于这一技术发展的预测开始越走越偏。机器人暴动、人类工作被彻底取代、世界文明将不复存在之类的恐怖遐想开始充斥媒体。[28]

实际上,但凡对人工智能发展现状稍有了解的人都很清楚,这些不过是夸大其词的描述。[29] 历史经验表明,人工智能带来的深度变革一开始总会遭遇无知者的恐惧和怀疑,但它最终必将成为企业大规模采用的常规技术。当然,这么说并不会削弱这一技术对文化和社会领域带来的负面影响。对某些工作来说,其发展前景是非常黯淡的。而且人类的偏见会扭曲人工智能分析结果的可能性也是真实存在的。

未来很多工作将会消失,对现有劳动力进行再培训以适应新环境将会成为一个重大的社会问题。政府和行业越早出台相关政策,这种影响就会越小。与此同时,大多数人工智能应用仍需要人类在一线环境中操作。此外,企业的中层管理者和白领技术人员在短期之内也必须和人工智能应用一起工作。

随着其他技术的进步,人工智能很快会创造出比因此消失的工作多得多的工作。就像互联网带来的自动化消灭了某些工作一样,它也催生了一大批新的工作,如网页设计师、数据库管理员、社交媒体运营经理、数字化营销员等。2020年,人工智能在消灭180万个工作岗位的同时,有望创造出230万个新岗位。[30] 其中一些新机会会出现在计算机应用、数据科学和数据工程领域。咨询行业的辅助性工作也会继续增加,无论是麦肯锡和波士顿这样的传统咨询公司还是 Mu Sigma 等新型决策咨询公司,都会出现新的工作岗位。

当然上面只是我们的分析,人工智能应用在现实中可能对人类社会产生更为广阔的影响。我们尚不能预测人工智能的广泛实施会对所有工作类型造成的具体影响。2017年,在谈论一项电子政务措施时,印度总理莫迪表示:"人工智能将会推动全人类的发展,专家认为这项技术应用可能创造大量的工作机会。技术有能力改变我们的经济未来。"[31]

对此技术持积极观点的人有很多。随着全球人口预计在2050年达到97亿,人工智能型农业生产可以帮助农民在耕地资源日益减少的情况下增加50%的作物产量;[32] 人工智能型医疗可以更有效地发现和处理癌细胞组织;未来更为安全的网络空间可以预测并预防威胁;人工智能机器人可以照顾老人,使其过上更为独立和质量更好的生活;人工智能技术可以即时扫描网络中数十亿个帖子和网页,寻找可疑内容以保护儿童,打击人口贩卖活动和虐待行为。无论是气候变化、打击犯罪和恐怖主义、应对疾病还是保护女性权益，人工智能应用都能很好地缓解这些全球性问题。

我知道一些社会价值高于商业价值的人工智能应用。例如，某人工智能应用可以预测患者对麻醉剂的依赖程度，它能帮助医生更好地开处方，使数百万人远离药物成瘾行为；某人工智能应用可以预测公共安全威胁指数，协助有关部门更好地保护人们的生命安全；某人工智能应用可以探测洗钱活动，协助金融机构更好地和每年高达 2 万亿美元的洗钱犯罪活动做斗争。

在为全球众多组织机构提供服务的过程中，我遇到的每一位开明的企业和政府管理者都迫切地想要了解如何利用人工智能技术来改善社会、经济和环境问题。对于人工智能技术可能对人类生命和地球环境带来的福祉，我们目前所了解的信息还远远不够。

人工智能人才之争

人工智能技术对于任何希望从大数据分析中获利的企业都至关重要，这就导致组织机构对数据专家的竞争是十分激烈的。受此影响，全球范围内都会出现人工智能人才的短缺。现有人才主要集中在谷歌、脸书、亚马逊和微软这几家技术型企业。据业内人士估计，仅谷歌和脸书这两家公司就招募了市场上 80% 的机器学习专业博士。[33]

虽然很多企业都有和数据科学相关的工作者，但他们大部分并不精通机器学习和人工智能技术。不少企业仍把数据专家视为使用控制面板整理商业情报的分析员，最多不过是利用采样数据得出静态推论的统计人员。大部分组织机构在进行人工智能转型时都没有经验丰富的人工智能技术人才。

自 2000 年以来，人工智能初创企业的数量增长了 14 倍，同期对人工智能初创企业的风险投资增长了 6 倍。自 2013 年以来，需要人工智能技术的岗位比例增长了近 4.5 倍。[34] 全球对精通分析业务的数据专家和数据经理的巨大需求，引起了各国政府、企业和大学院校的关注。[35]

当然，数据专家必须从大学就开始培养。数据分析专业高薪岗位的增加，刺激了该专业招生率的大幅提高。从 2010 到 2015 年，拥有数据科学和分析学位的毕业生的数量增长了 7.5%，与此同时，所有其他专业的毕业生的数量总和仅增长了 2.4%。[36] 目前，仅美国就有超过 120 个相关硕士学位课程和 100 个商业分析专业。在培训现有员工方面，相关技术训练营、大型公开在线课程和各种证书培训课程都非常受欢迎。

2018 年，领英的报告显示，美国的数据专家岗位数量比 2014 年增长了 5 倍，机器学习技术工程师岗位数量比 2014 年增长了 12 倍。[37] 2017 年，一项调查研究表明，预计 2020 年美国市场数据专家和数据分析师岗位的数量总和将增长到 272 万个，对各行各业产生深远的影响。[38] 在 Glassdoor 和领英等求职网站上，机器学习工程师、数据专家和大数据开发人员一直都供不应求，无论在哪个行业都十分抢手。

受此影响，企业不惜投入重金抢夺数据专家（见图 6-3）。2014 年，谷歌公司花费 5 亿美元收购人工智能创新企业 DeepMind 技术公司。这家公司有 75 位员工，相当于谷歌为每人开出了 600 万美元的天价薪资。[39] 这次收购至少产生了两个重要结果：第一，它成功实现了 AlphaGo 的开发，这是有史以来第一款打败专业围棋选手的人工智能程序。这一事件对中国产生了巨大影响，它促使中国政府把人工智能技术作为首要战略目标。[40] 第二，最近 DeepMind 开发的 AlphaFold 算法在 2018 年蛋白质结构预测技术评估大赛（CASP）中获胜。这场比赛被誉为"虚拟蛋白质折叠奥运会",其目标是对基于蛋白质的基因序列数据的三维结构进行预测。[41]这是生物分子研究的一个重要领域,其研究结果对于了解疾病和新药研发具有重要意义。

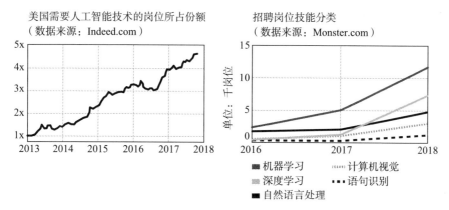

图 6-3　对人工智能技能的需求增长

注:需要人工智能技能的相关岗位数量正在快速增长,其中很多岗位仍虚位以待。人才短缺正在导致全球对人工智能软件工程师和数据专家展开争夺战。

为满足对数据科学技能需求的增长,各国政府已经开始行动。英国的开放数据研究院和图灵研究院、欧盟推出的 2014 大数据战略以及美国政府提出的 2016 大数据研究开发战略计划,都对数据人才培养提出了具体的目标。中国把人工智能技术作为"十三五"规划和新一代人工智能开发计划的核心,正在大量投资人工智能研究项目,包括在各大高校推出培养数据专家的相关课程。[42]尽管如此,中国未来仍会面临数据人才短缺的局面。2016 年,工信部预测中国需要增加 500 万人工智能工作者才能满足需求。

全球方面,越来越多的传统研究机构开始转向人工智能技术的核心研究领域,相关论文的发表速度也变得越来越快。其中比较重要的研究机构包括美国的麻省理工学院、卡内基-梅隆大学、斯坦福大学和南加州大学,新加坡的南洋理工大学和新加坡国立大学,中国的香港理工大学、香港大学、清华大学自动化研究所和中科院，西班牙的格林纳达大学和德国的慕尼黑理工大学，以及其他来自加拿大、瑞士、意大利、荷兰、澳大利亚和比利时的研究机构。

美国的数据科学专业正在快速发展。2014年，加州大学伯克利分校推出了在线数据科学硕士学位项目，可提供数据科学和分析学的高级管理人员教育课程。在加州，有30多所中学为初中生和高中生提供数据专业课程。[43] 长期来看，12年制教学大纲会明显加大数学和计算机科学教育的比重，以满足未来社会对人工智能技术人才的需求。

另外，越来越多的训练营和培训班也开始关注数据工程师的培养。这些培训课程招收具有一定技术背景（如数学、物理学或其他工程学科）的专业人士，把他们培养成人工智能岗位所需的人才。有些训练营的课程甚至可以在线学习，例如Coursera可提供关于机器学习和深度学习的在线课程。[44] 其他培训课程大多是面授式的，如旧金山湾区的Insight Data数据科学培训班等。[45]

除了数据工程师，企业还需要越来越多的麦肯锡所说的"转换工程师"。[46] 转换工程师可以担任人工智能工作者和企业之间的沟通桥梁。他们既熟悉管理，能有效引导和管理人工智能技术人才，又了解人工智能技术，能确保算法和业务流程实现无缝整合。

毫无疑问，我们正在经历一场深刻的转型。组织机构一方面应当对现有劳动力进行再培训，另一方面应招募具有人工智能学位的高级人才，这样才能适应人工智能创新和应用带来的各种变化。企业必须认识到人工智能应用在未来的不可或缺性，认识到当下开发人工智能应用能力的重要性，认识到这两点的组织机构必然会有一个明确的发展道路。目前阶段，企业可以依靠人工智能咨询机构和技术合作伙伴提供的专业服务，努力开发组织机构内部的人工智能应用能力。

如何成为人工智能驱动型企业

我们看到，要想成功应用人工智能技术，组织机构需具备管理大数据的新的技术和业务能力以及数据科学和机器学习领域的新技能。

组织机构成功应用人工智能必须面对的最后一个问题是如何在业务流程中实现变革。正如互联网的出现在 20 世纪 90 年代到 21 世纪初推动企业改变业务流程一样，人工智能也会产生类似的，甚至影响范围更大的变革推动力。组织机构必须让员工适应和接受人工智能系统做出的判断，并对人工智能系统的判断做出反馈。这一过程可能会充满困难。例如，几十年来，习惯于传统工作方式的设备维护员工往往会抵制人工智能算法提出的建议和行动方案。因此，利用人工智能获取商业价值需要企业管理者和一线员工拥有坚定的管理能力和灵活的思维方式。[47]

出于这些原因，准备实现数字化转型的组织机构特别需要经验丰富的技术合作伙伴的协助，以便在开发、部署和运行人工智能应用时更好地克服困难，推动业务流程变革以创造更大的价值。为此，组织机构应当投资新技术栈（第十章对此有详细介绍），它能比传统方式更有效地建设企业能力，从而满足上述需求。

随着人工智能应用的大型化和复杂化，新一代技术的重要性将会日益凸显。特别是当今的企业和价值链运营过程中增加了很多传感器和驱动设备，这一现象即我们所说的物联网现象。物联网的出现不但在整个量级上增加了组织机构可用的数据量，而且提高了数据集的真实性和精确性。

组织机构必须设法解读物联网产生的海量数据，并利用这些数据及时采取合理的行动。解读大量数据集中的数据并做出相应行动需要应用人工智能技术，它能在释放物联网价值方面发挥重要作用。在下一章，我会详细介绍物联网现象及其对商业的影响。

对任何组织机构而言，错失数字化转型机遇都会威胁到自身的生存，只有勇于展开全面战略化转型才能真正改变游戏规则。来自普华永道、麦肯锡、世界经济论坛和各方面的调查研究均表明，未来十年，数字化转型将在全球范围内创造数万亿美元的新价值。只有现在就开始行动的企业才能在未来的市场中成功占有一席之地。

DIGITAL
TRANSFORMATION

|第七章|

物 联 网

我们在前面三章介绍了弹性云计算、大数据和人工智能技术趋势如何推动数字化转型。第四种技术趋势是物联网,指的是价值链中无处不在的传感网络,可帮助所有设备成为实时或接近实时状态下的远程机器可寻址设备。

我第一次接触"物联网"这个术语是在2007年,当时我正在中国出差。一开始,我以为物联网侧重的不过是价值链传感技术。后来经过深入思考,我发现这一概念的意义要重大得多,而且充满了变革性。

随着处理器价格和能耗的不断下降以及高速网络的出现,计算开始成为无处不在和高度互联的应用。价格低廉、只有信用卡大小的人工智能型超级电脑被广泛安装在汽车、无人机、监控摄像头和其他设备中。实际上,这一现象的意义已经超越了可寻址传感设备在价值链中的简单内嵌,物联网正在为计算设备带来深刻的外形改变和史无前例的计算能力,进而实现所有设备的实时人工智能应用。

物联网的起源

物联网和人工智能的出现，为信息技术和商业带来了迄今为止最具破坏性的一项创新。物联网可以让我们通过高速网络低成本地连接高速芯片和内嵌式传感器。可以说，智能型互联产品和高速发展的互联网即物联网存在的基础。

30年前，智能物品还是一个新鲜的概念。可穿戴计算设备的概念最早是由Rank Xerox公司的米克·莱明和麦克·弗莱恩等研究人员提出的。他们在1994年推出的"勿忘我"（Forget-Me-Not）是一款使用无线发射器的可穿戴设备，其设计目的是为了帮助人们改善日常记忆问题，如寻找丢失的文件、记住某人的姓名以及如何操作某个机器。[1] 1995年，麻省理工学院的史蒂夫·曼恩开发了一款可穿戴无线网络摄像头。同年，西门子公司开发出第一款无线机器对机器（M2M）沟通设备，应用于销售时点系统和远程车载信息系统。

1999年，麻省理工学院自动化识别技术中心联合创始人兼执行主任凯文·阿什顿首次使用"物联网"这一术语。在向宝洁公司管理层做技术演示时，他把供应链中的射频识别标签这一新概念和人们对互联网日益浓厚的兴趣联系在一起。[2] 使用射频识别标签在物流行业跟踪货物是物联网十分重要的早期应用案例，这一技术被普遍用于跟踪物流、预防损失、监测库存水平、控制门禁等领域。

实际上，物联网在工业领域的应用要早于在消费行业的应用。从20世纪90年代末到21世纪初，M2M通信的出现引发了一波工业应用浪潮。西门子、通用汽车、休斯电气等公司为工业设备互联达成了专利协议。当时，这些早期M2M应用主要由现场操作人员管理，它和基于互联网协议的无线网络的快速发展吸引了使用笔记本电脑和手机的办公室人员的关注。截至 2010 年，把这些专利网络并入基于互联网协议的以太网已经成为不可逾越的大趋势。此类应用被称为"工业以太网"，主要用于从远程位置进行设备维护和车间监控。

物联网在消费者产品领域的发展相对较为缓慢。进入 21 世纪之后，企业开始反复尝试（大多以失败告终）把产品互联到洗衣机、电灯等家用电器。例如，2000 年 LG 公司首次推出网络互联型智能冰箱（价格高达 2 万美金），遗憾的是，那时没有多少消费者想买"会告诉他们什么时候该买牛奶"的冰箱。相比之下，Fitbit 和 Garmin（这两款产品都在 2008 年推出）等可穿戴电脑引起了消费者的兴趣，它们可通过运动监测加速计和全球定位系统为健身和出行导航提供帮助。

2011～2012 年，消费者物联网应用再次出现高潮，Nest 公司的远程恒温器和飞利浦公司的智能灯泡等产品成功问世。2014 年，谷歌出价 32 亿美元收购 Nest 公司、消费者电子产品展推介物联网、苹果公司发布首款智能手表等事件，使物联网开始受到主流追捧。消费者物联网应用最为人们所熟知的是可穿戴设备（尤其是智能手表）和智能音箱（如亚马逊 Echo、谷歌 Home 和苹果 HomePod）的快速增长的应用。在美国，此类产品的年增长率接近 48%。[3]

如今，计算设备的外形开始出现越来越多样的变化。预计未来几年之内，几乎所有事物都会变成电脑，从眼镜、药瓶、心脏监控器、冰箱、加油泵到汽车等。物联网和人工智能的强强组合，必将在 21 世纪初带来人类难以想象的巨大威力，帮助我们解决以前无法企及的重大难题。

物联网技术解决方案

为利用物联网技术，企业和政府机构需要新技术栈来连接边际设备、物联网平台和企业。

边际设备是一个包含各种通信型设备的广泛概念，具体包括可连接到网络的电器、传感器和网关。边际设备最起码应具备监控功能，对产品所在的位置、性能和状态提供可视化访问。例如，某电网中的智能仪表可全天向市政电力公司控制中心发送设备状态和用量读数。随着计算设备外形的不断变化，很多边际设备未来将会具备双向控制能力。可监控和可控制型边际设备能够有效解决各种新式商业问题。通过利用设备的监控和控制功能，其性能和运营可以得到很好的优化。例如，我们可以使用算法预测设备的故障发生情况，派遣维修人员在设备出现故障之前对其进行维修或更换。边际设备可实现与企业的互联（见图 7-1）。

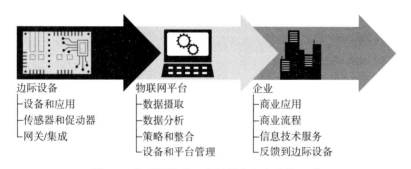

图 7-1　物联网技术：边际设备与企业的互联

注：物联网技术的应用需要采用新技术解决方案来实现边际设备、物联网平台和企业之间的互联。

物联网平台是企业和边际设备之间的沟通桥梁。物联网平台必须能够汇集、整理和规范化大量不同的实时运营数据。这种拍字节规模的数据分析能力对于物联网应用至关重要，必须把来自不同信息系统的历史数据和运营数据集成到云端，形成统一的数据格式。

目前最先进的物联网平台可用作企业应用的开发平台。具备快速开发可监控、控制和优化产品及业务部门的系统应用的能力，可极大提升企业的生产力。

在现实生活中，把物联网作为企业转型核心要素的案例有很多，智能电网就是一个非常成功的案例。电网系统出现在 20 世纪末，由托马斯·爱迪生和乔治·威斯汀豪斯在其一百多年前设计而成。整个系统由发电、长距离高压输电（115 千伏以上）、中距离中压变电（2～35 千伏）和低压电表（通常为 440 伏商用电或民用电）等部分组成。

电网系统由数十亿计的电表、变压器、电容、相量测量装置和电线组成，是人类开发的规模最大和最为复杂的机器系统，甚至被美国工程学院誉为 20 世纪最重要的工程成就。

智能电网实际上就是经物联网改造过的电网。预计在未来 10 年内，美国将投资 2 万亿美元升级或改造电网基础设施中的大量设备，为整个价值链安装传感系统，使所有设备都具备发射遥测信号和远程机器可寻址的能力。[4] 另一个类似案例是智能电表，传统电子机械式电表由人工读数，通常由现场人员每月读表一次。智能电表可远程监控，每 15 分钟即可发送一次读数。

当电网全面安装传感器之后，我们就可以汇集、评估和关联所有设备数据，再加上天气、负荷和发电能力等接近实时的数据，从而发现数据之间的交互性和关系。然后，我们可以使用人工智能机器学习算法对数据进行分析，从而实现优化电网性能、降低运营成本、提高系统弹性和可靠性、强化网络安全、实现交互式供电管理，以及减少温室气体排放等目的。显然，这是一个结合了物联网、云计算、大数据和人工智能技术，推动市政电力行业实现数字化转型的出色案例（见图 7-2）。

智能电网案例充分证明，其他行业的价值链也可以通过物联网互联的方式推动企业变革并创造价值。例如，随着自动驾驶技术的发展和普及，自动驾驶型车辆可以彼此沟通以优化整个城市道路网络的交通情况，减少交通拥堵，缩短通勤转车时间，缓解环境压力。

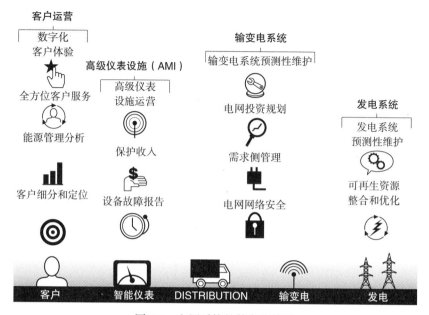

图 7-2　电网系统的数字化转型

注：未来 10 年美国将投入 2 万亿美元为电网系统安装传感器。

物联网的潜力和影响

物联网会为组织机构的运营方式带来重大改变。尽管这个话题已经不再像 2007 年我初次听到时那样充满争议，但我们仍需要思考以下三个问题：物联网为什么会带来改变？这种改变怎样发生？改变的程度有多大？

物联网会改变企业运营方式主要有三个方面的原因。首先，物联网系统产生的数据量是史无前例的。截至 2020 年，物联网预计每年可产生 600 泽字节，即 6 亿个拍字节的数据量。[5] 这样庞大的数据量可能让人难以置信，但是想想前面关于智能电网的讨论，电厂、输电站、变压器、电线和智能仪表每时每刻都在不停地生成数据。在全面安装传感系统之后，这些设施每秒都会发射很多次读数。要知道，光美国电网系统就包含长达 917 万公里的输变电设施，600 泽字节的数据量其实并不夸张。[6]

其次，物联网系统生成的数据有很大的价值。当组织机构感应和测量其业务区域时，传感器读数可帮助它们做出更好、盈利性更强的决策。物联网产生的数据经过人工智能分析，可以帮助企业更好地运行核心业务流程。这一结论不但适用于市政电力行业，同样适用于油气开发行业、制造业、航空业、国防业、公共服务领域、金融服务业、医疗行业、物流运输业、零售业，以及我们能想象得到的各个行业。[7]

物联网会改变企业运营方式的第三个原因是梅特卡夫定律的作用，即网络的价值和网络成员数的平方成正比。[8] 在这个案例中，网络指的是企业统一化的数据格式，成员数指的是网络中的数据节点。随着企业价值链中传感器的大量应用，数据量和数据类型都会出现增生。简而言之就是，数据越多，价值越大。

我们来看一下航空公司是怎样利用人工智能型预见性维护系统为机群提供服务的。对航空公司来说，无法预测的设备故障意味着飞机飞行时间的降低，这是任何一位管理者都不愿看到的问题。尽管大多数飞机已经安装有各种机载传感器，但它们的读数并没有用于预见性维护。这种情况造成的结果是，目前大部分航空公司仍依靠定时维修模式，即预定维修时间或是在停飞时段进行维修。这样一方面会导致过度维修，另一方面也无法在设备需要维修时及时做出预测，既浪费了资源又增加了成本。

利用飞行系统反馈的数据来预见性维护会怎样呢？我们先来看其中一个数据来源——引擎前置震动传感器。这个传感器本身并不能提供对整个飞机进行全面预见性维护所需的数据，甚至不能提供足够的数据以精确预测飞机引擎的故障率。设想一下，如果我们对一千架飞机上每个引擎上安装的 20 个传感器反馈的数据进行整理，并使用人工智能机器学习算法对这些数据集进行分析，肯定能以更大的精确度预测引擎故障率。这样不但可以延长飞机飞行时间，还能更有效地利用维修资源，从而将其转化成可观的经济价值。

再来设想一下，如果我们收集和分析的传感器数据来自整个机身和所有部件，而不是单单一个引擎，又会出现怎样的情况？如此一来，我们可以在问题出现之前预测飞机上每个部位的故障发生率，包括引擎、风扇系统、起落架，等等。道理很简单，因为我们掌握了每一个部件的传感数据。当然，这些数据的分析意义还不仅如此。由于飞机是一个整体系统，它的组成部件及其产生的数据也是彼此关联的。也就是说，飞机引擎产生的数据也可以用来预测风扇系统的故障率，反之亦然，整个机身所有组件都符合这个规律。这样一来，数据的价值就会随着其容量的扩大和种类的丰富出现指数级增长。

通过收集来自更多设备的数据以及增加数据集的容量和种类，预见性维护应用的精确度会大大提高。这种方式和传统维修方式相比，不但效率更高而且成本更低。此外，预见性维护还能推动对库存零件和供应链运营更为高效的管理，助力企业形成复合型优势。了解这一新系统之后，企业肯定不愿再采用传统的计划式维修手段。实际上，数据量、数据价值和梅特卡夫定律在其他行业也会发挥相同的作用，物联网必然会对所有行业带来业务流程的深刻变革。

再来看一个例子，物联网在农业生产行业也能产生重要影响。在荷兰，某农场主应用物联网经营着全球最为先进的土豆农场。[9]在他的农场中装有很多种传感器，监测着包括土壤养分、水分、日照、温度和其他方面的各种生产要素。这些传感器可产生大量有价值的数据，帮助农场主更高效地利用土地。通过物联网连接农场生产的方方面面，农场主很清楚哪块地需要增加养分，哪里出现了害虫，或者哪些作物的光照时间不够。利用这些反馈数据，农场主可以及时采取行动优化农场生产。

企业界目前尚处在物联网价值应用的早期阶段，结合云计算、大数据和人工智能等技术之后，更大的商业价值将会得到释放。换句话说，物联网技术的寒武纪生命大爆发还没有到来。但是有一点是毋庸置疑的，物联网必将以深刻的方式改变企业。我们尚不清楚的是这种影响会以怎样的方式出现。我认为它会对企业带来三个方面的根本性改变，即决策方式、执行业务流程的方式，以及在市场中实现产品差异化的方式。

首先，决策方式会改变，特别是数据驱动型决策将会全面登场。[10]算法会成为决策的一部分，甚至是全部。对于需要进行每日决策的业务流程来说，这种情况会更为普遍。试想一下未来企业的生产车间、仓库或是银行的借贷部门……这种决策将会无处不在。随着产品使用信息、设备维修数据和环境测量数据的大量反馈，问题会实时得到评估并立刻向操作者提供处理建议。这种决策方式既不依靠简单的经验，也不依靠运营专家的指导。人类专家只有在人工智能系统的判断出现偏差时才被需要。当偏差被纠正之后，系统可从人类干预中学习经验，在未来出现类似情况时更好地解决问题。显然，这种决策方式无须大量员工，也不用人类过多干预，带来的商业效果还更好。简而言之，传感型价值网络可以推动基于事实的、人工智能驱动的预测型决策。

其次，物联网会改变企业执行业务流程的方式，带来更快速、更准确和成本更低的决策。操作者不用再依靠个人直觉经验，也不用凭感觉行事，而是在事实的基础上根据算法推荐展开行动。虽然员工有责任推翻系统做出的判断和推荐，但这种情况通常极少发生。他们无须再关注操作细节，可以更多地关注如何提升企业的战略价值和竞争价值。

再次，物联网会改变市场中实现产品差异化的方式。我们将见证产品个性化定制的全新升级。如今的智能手机已经适应了机主的说话方式和输入方式，未来的智能恒温计可学习住户的温度设定偏好，自动调节温度。在医疗行业,智能葡萄糖检测仪可使用算法自动调整胰岛素泵的给药量,为患者带来福音。

这一切才刚刚开始,物联网甚至会改变人类和物体之间的互动关系。物联网可为制造商提供前所未有的可视化能力,帮助其清楚地看到客户使用产品的方式。这样不但可以帮助企业更好地了解用户和生产更好的产品,还能推出新的质保和设备租赁模式,例如在一定的使用限制条件下客户可以正常使用产品,当用户停止付费时产品中的租赁项目便无法使用。[11] 这些模式乍一看似乎对终端用户没什么吸引力,但实际上它能深刻改变拥有或租赁特定产品的经济效益,消费者肯定会对更好的定价模式做出积极反应。物联网已经在企业决策、运营和产品差异化方面带来了新的可能性,这种变革作用未来肯定会继续下去,甚至以人类无法想象的方式展现出来。

物联网驱动型变革会对经济造成多大的影响力?根据预测,互联设备的总数量会从目前的 200 亿个增长到 2025 年的 750 亿个(见图 7-3)。[12] 受此影响,分析人员预测物联网会在 2025 年创造约 11 万亿美元的全球年经济增长量(见图 7-4)。[13] 这是一个非常巨大的数量,按照世界银行预计的 2025 年全球 GDP 总量 99.5 万亿美元的规模来衡量,约占 11% 的比例。

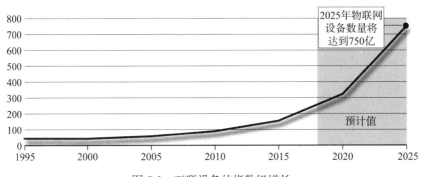

图 7-3　互联设备的指数级增长

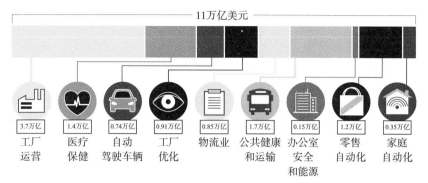

图 7-4　2025 年物联网为各行业创造的商业价值

注：2025 年物联网预计可创造高达 11 万亿美元的商业价值。

大量劳动力被取代将会成为物联网应用及其推动的自动化生产的副产品。尽管各个行业劳动力被取代的程度和时间存在很大区别，但被取代的总体趋势是不可避免的。

在美国，接近一半的工作岗位（《经济学人》的统计数据是 47%）会受到自动化生产的威胁，这种自动化在很大程度上是由物联网造成的。在英国和日本，这一比例比较相似，受到自动化生产冲击的岗位分别占 35% 和 49%。[14]

自动化生产对具体企业的影响也不容忽视。UBS 公司的首席执行官塞尔吉奥·埃尔默蒂预计新技术应用造成的自动化会使公司削减 30% 的岗位。仅对 UBS 一家公司而言，这一比例就意味着近 3 万名员工会失去工作。[15] 德意志银行前首席执行官约翰·克赖恩估计，自动化会导致这家拥有 97 000 名员工的企业裁员至原来一半。[16] 高盛公司估计，自动驾驶车辆的出现仅在美国就会导致每月 25 000 位司机失去工作。[17]

当然，这种现象并不是单方面的，并不是说人们将永远失去工作。实际上，物联网技术变革在摧毁传统工作的同时也创造出许多新的岗位。我在第六章说过，先进技术创造的工作机会要比因此消失的工作多得多，而且这种变化将会很快发生。

拥有新技术相关技能的劳动者会拥有更多的选择机会，新的工作职责将会以目前无法想象的方式陆续展现。2018 年，在领英网站招聘增速最快的十强岗位中有七个是和数据科学和数据工程相关的岗位。[18] 在可预见的未来，数据科学岗位将会继续呈现增长趋势。2020 年，美国市场预计会产生 70 万数据专家和相关职位的空缺。[19] 与此类似，管理各种物联网设备的运营岗位，以及各种新型信息技术、网络和通信岗位也将会增多。这些高价值岗位通常都是跨学科岗位，要求应聘者应同时具备企业管理知识和技术知识。

我们有理由保持乐观，但需要注意的是，企业、政府和学校必须负责为上述新岗位培训或重新培训数百万的工作者，因为未来大量被新技术取代岗位的工作者必须重新寻找新的工作机会。我认为商业领域应承担起对新岗位工作者的培训和教育责任。物联网和人工智能技术的结合，将会为未来就业带来结构性转变。物联网及其推动的相关技术对人类世界的影响是极其深远的。

物联网怎样创造价值

数量不断增长、范围不断扩大的应用案例正在强化物联网的深刻影响。这些案例涉及技术栈的不同领域，从连接设备和服务的硬件产品到分析技术和应用程序无所不包。从客户或终端用户的角度来看，物联网的真正价值源自服务、物联网分析和应用程序，技术栈的其他部分发挥的只是辅助作用，其价值和增长潜力不大。[20] 最终，使用物联网技术的组织机构（如工厂主、操作者、制造商等）随着时间的推移将会获取最大的潜在价值。

对于应用物联网解决方案的商业管理者来说，他们必须了解这些产品是怎样通过解决企业重大问题的方式来为企业增值的。这些重大问题包括削减资产维护成本、优化库存、通过优化需求预测来增加收入，以及提升客户满意度和产品质量等。

通过关注这些实际业务问题，物联网产品可以在各个行业得到迅速发展和广泛应用。在下一节中，我将讨论物联网技术最有前景的应用案例，借此说明这项技术是如何为企业增加价值的。

物联网应用案例

智能电网

如前所述，市政电力行业是最早大规模使用物联网技术的行业之一。通过在其业务线中部署数百万智能仪表，市政电力行业造就了今日广为人知的智能电网。

总部位于罗马的意大利国家电力公司在整个欧洲范围内管理着超过 4000 万个智能仪表。这些仪表壳产生史无前例的海量数据，每天生成的读数超过 50 亿条。安装在输电线路上的物联网相量测量装置能以 60 赫兹的频率（即每秒 60 次）发射电力质量信号，每个相量测量装置每年可产生 20 亿个信号。

智能电网的本质，实际上是对用电量、发电量，以及每个用户存储能力的实时推断（利用云计算和人工智能技术），与互联用户、本地发电和储电等网络效应的相互结合。电网中互联的传感器越多，可供分析的数据越多，深度学习算法就会变得越精确，智能电网的工作效率就会越高。这就是梅特卡夫定律的作用——互联传感器的数量增长可推动整个网络价值的指数级增长。所有这些传感器数据都能提供关于电网状况的接近实时的信息，包括电网的状态、设备问题、性能水平，等等。这使得算法可以实时调整系统预测和行动建议。意大利国家电力公司估计，采用人工智能算法对整个智能电网中的数据进行分析，每年可产生超过 6 亿欧元的经济效益。

预测性维护

企业可对通过物联网技术（包括传感器、仪表、嵌入式电脑等设备）获取的数据进行人工智能分析，在故障出现前准确预测出设备存在的问题。这样做可以极大降低计划外系统下线时间，实现对工作的灵活安排，既延长了设备寿命又压缩了服务工时和零件更换成本。包括离散制造业、能源服务、航空、物流、运输和医疗在内的众多行业都会因此受益。

以荷兰皇家壳牌公司为例，这家全球最大的能源企业在 70 多个国家拥有 8.6 万名员工，年营业收入超过 3000 亿美元。壳牌公司正在通过开发人工智能应用来解决其全球化业务中存在的各种问题。这些业务涵盖数量庞大的资产，包括 20 多座冶炼厂、2.5 万口油气井和 4 万多个服务站。目前有几款人工智能应用已经被投入到生产线，未来公司还会投入更多的其他应用。

在某案例中，壳牌公司开发部署了一款可预测液压装置故障的应用，此应用对于预防澳大利亚昆士兰气田区 5000 口气井的喷发问题具有重要作用。对于这些位置偏远、难以接近的气井，人工智能型应用可获取安装在其内部的多个传感器发回的高频数据，在此基础上预测液压装置何时会出现故障并对造成故障的原因进行分析。这样就能帮助维修团队防患于未然，在故障出现之前主动解决问题。此类应用带来的经济效益包括延长设备资产运行时间、优化资源使用率、降低运营成本，以及带来每年数百万美元的营业收入。

在另一个案例中，壳牌公司开发部署了一款可预测设备性能退化情况的应用，为其在全球范围内生产汽油、柴油、航空燃料、润滑油和其他产品的众多冶炼厂的 50 多万个阀门提供服务。对冶炼厂来说，各种类型的阀门是控制液体流动的重要部件。随着时间的推移，阀门的性能会受各种因素的影响而逐渐退化，如阀门的种类、使用历史、高温高压接触情况、液体流速等。在这里，各种传感器可随时不停地记录阀门运行的多种参数和状态。

在这个案例中，壳牌公司对超过 50 万个人工智能模型的训练、部署和管理实现了自动化应用，每一个阀门都有一个独立的模型。这款应用能以很高的频率获取超过 1000 万个传感器信号，然后使用阀门专用的人工智能模型对性能退化情况进行预测，把需要紧急修理的阀门优先报告给维修团队。有了这款应用，壳牌公司的工作人员从被动、基于规则的维修方式转变成有预测性、指示性的维修方式。新技术的使用降低了维修成本，提高了运营效率，仅此一项部署预计每年即可为公司创造数亿美元的经济价值。

库存优化

从制造业到消费者包装产品和很多其他行业，如何更好地规划库存一直都是令人头疼的问题。实际上，很多拥有复杂供应链和库存管理工作的大型组织机构，在使用传统企业资源规划系统服务商开发的库存优化解决方案时有一半的时间都无法达到"按时保量"的交付标准。而基于物联网的解决方案结合了人工智能型大数据分析技术，可以帮助企业极大提高按时保量标准的实现率、显著提升处理速度、缩短响应时间、减少缺货和库存堆积问题。

例如，某市值 400 亿美元的美国大型机器制造商使用人工智能型库存优化解决方案实现了最佳库存水平和最小库存成本之间的平衡。这家公司的机器可以从 1 万张每张包含 2.1 万个组件的材料清单中做出选择。不同于传统企业资源规划系统中的库存解决方案，人工智能型应用在企业物联网提供的大量数据的基础上，使用了高级随机式人工智能优化方案。采用新解决方案之后，这家公司原本 60 亿美元的库存成本被削减掉 52%，节省下来的 30 亿美元资金则可以投入到其他更有需要的业务领域。

患者护理

物联网在医疗领域的应用前景非常广阔。物联网可以帮助医生远程跟踪患者的健康状况，在改善其健康状况的同时还能节省医疗成本。通过管理这些数据，物联网可以帮助医生对患者的致病风险因素进行预测。

例如，心脏起搏器也是一种物联网传感设备，可远程发送读数并向医生和患者报警，提醒心跳异常情况。如今，可穿戴设备可以帮助人们轻松跟踪各种与健康有关的指标，如走路/跑步的步数、攀登的台阶数、心率、睡眠质量、营养摄入量，等等。

其他应用可利用物联网产生的大量数据集发现问题并做出预测。医疗机构可使用人工智能预测性分析发现药物治疗的潜在障碍，找出可能存在的药物抵触作用。这样能帮助医生更有效地护理患者，帮助他们改善病情、降低疾病复发率、提高生活质量。设想一下，未来的药瓶可以跟踪患者的服药情况，当患者拒绝或忘记服药时，系统会提醒医生和用户注意。此外，正在研发的还有智能药片，它可以在患者服用之后向医生发送重要的生命体征信息。

当消费者物联网系统和商对商系统（B2B）互联之后，将会创造出重大的商业附加价值。例如，像 Fitbit 或苹果手表等个人健身跟踪设备发送的数据和临床信息的结合可提供关于患者更为全面的信息，帮助医生做出更好的医疗护理。

从生产优化、需求响应到机群管理和物流服务，一系列物联网应用案例的出现向我们很好地展示了物联网的威力和价值。物联网应用的大部分经济潜力表现在商对商应用，而不是消费者应用领域。尽管如此，像能够帮助旅行者准确掌握行李去向的物联网型行李托运等简单的应用程序，也可以在多个消费者领域很好地提升顾客的满意度。未来，我们必将看到更多类似的物联网应用应运而生。

受物联网影响最大的行业

受物联网影响最大的大多是资产密集型行业的企业。据统计，约有 50% 的物联网投资集中在以下三个行业：离散制造业、物流运输业和市政电力行业。[21,22] 这些行业中的很多公司都在面对来自强大的科技公司日益严峻的竞争压力。例如，联邦快递必须重金投资物联网才能遏制来自亚马逊公司的竞争，因为后者已经建立起独立的快递系统，具体包括亚马逊空运服务（拥有货机机队）、亚马逊快递服务合作伙伴（由持照合作方经营的亚马逊品牌快递车队）和亚马逊 Flex 快递服务（由司机驾驶自有车辆配送亚马逊包裹）。随着年货运成本超过 200 亿美元，亚马逊完全有理由投资开发自己的快递服务，从而迫使联邦快递、UPS 等快递公司创新。[23]

数字化物联网功能的整合将会对这些行业的企业产生深远的影响，特别是在成本削减和运营效率提升等方面的影响。仅预测性维护和库存优化这两大应用即可为企业带来重大的经济价值。在市政电力行业，持续投资智能电网也会创造显著的经济价值，例如我们之前提到的意大利国家电力公司和法能能源公司的案例。

紧随这些行业之后，我们发现物联网技术会在很大程度上影响商对客行业（B2C）、医疗行业、加工行业，以及能源和自然资源开发行业

（见图 7-5）。在医疗行业中，物联网可创造极大的价值，这种价值既包括经济方面的利益也包括人类的健康福祉，例如使用自动化胰岛素泵实时监测管理糖尿病患者的病情。与此类似，在林业矿业等自然资源行业，物联网解决方案可有效监测资源状况和改善矿工生产安全条件，既能创造经济收益又能拯救生命和保护环境。可以预见，物联网将会使我们的世界变得更加富裕、更加安全和更加健康。

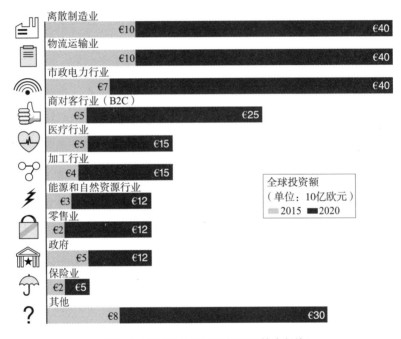

图 7-5　不同行业领域的物联网技术投资

注：2020年，离散制造业、物流运输业和市政电力行业将主导物联网技术投资。

物联网市场前景

物联网解决方案提供商

在物联网市场中，很多企业的定位是提供价值型解决方案。

- 工业企业和制造商，如西门子、约翰迪尔和卡特彼勒，可以拓展其数字化能力以开发新的物联网产品和强化现有产品，如飞机引擎、电机、农用车辆和矿用设备等，从而为终端用户创造更大的价值。
- 电信企业，如 AT&T、威瑞森和沃达丰，可以利用其庞大的通信网络和雄厚的用户数据提供物联网连通服务和增值服务，如物联网型家庭安保服务。
- 企业软件巨头，如 SAP、微软和甲骨文公司，正在尝试在其平台上整合数字化能力，从而为终端用户提供物联网服务。
- 互联网和科技企业，如谷歌、亚马逊和苹果公司，它们的谷歌 Home、亚马逊 Echo 和苹果 HomePod 等产品已经在消费者物联网市场中占据一席之地，可以继续强化和扩展其物联网产品线。这些公司是否会推出 B2B 解决方案以及这些方案能否取得成功还有待观察。
- 在其他行业中，如能源、矿产、油气、医疗、汽车、航空等，进行物联网创新的企业都会出现重大发展机遇。一方面，企业可以利用物联网更有效地生产运营；另一方面，企业也可以把物联网技术整合到公司的产品和服务中去。
- 此外，一些当前和未来的初创企业也会开发出令人期待的物联网产品和服务。

支持和阻碍因素

当组织机构希望在内部业务流程中应用物联网技术或是开发物联网产品服务时，它们必须认真考虑可能推动或阻碍物联网应用和市场发展的一些重要因素。

安全性、隐私性和保密性将会变得越来越重要。企业要想吸引用户提交个人数据，必须具备很好的产品服务价值定位才能搜集到这些数据。从用户的角度来说，他们也希望了解企业是怎样搜集个人数据和保障数据安全的。无法做出这些承诺的企业会在新技术应用方面遭遇巨大的障碍。此外，当物联网被用于控制有形资产时，突破安防系统就会造成非常严重的后果。

要想利用物联网技术提供实时决策分析，5G无线通信领域的硬件开发必须首先取得成果。目前，全球电信企业都在大量投资5G硬件开发，首个5G网络已于2019年投入使用。当全面投入使用后，5G硬件将会对物联网应用产生重大推动作用，它能以极高的速度无线传输数据，为实时决策提供必需的硬件基础。

主流市场要实现对物联网产品的大规模应用还需要进一步降低传感器、连通设备和电池的产品价格。另外，计算和存储产品的价格也必须不断降低，因为物联网生成的不断增长的大量数据需要物联网产品提供商耗费越来越多的计算和存储资源。

相关条例和公共政策也会显著刺激或阻碍物联网市场的发展。例如，政府条例可以设置保护消费者的市场规则和数据应用实践方案，从而推动物联网产品的应用。此外，制定适当的激励政策也可以推动相关市场的发展。一些技术和应用案例，如自动驾驶车辆，在没有政府支持的情况下是无法投入商用的。因此，如果政府层面缺乏相关的政策，此类产品就很可能贻误市场机遇。

最后，组织机构还必须改变企业文化以充分利用物联网的技术优势。在很多案例中，新的物联网技术会削减对某些岗位的需求，同时创造出新的岗位，这就需要企业员工通过培训等方式获取新的劳动技能。

对企业的影响

改变价值链

当企业在产品开发思维中引入物联网技术之后,整个价值链中,从产品开发到售后服务的每一个环节都会受到深刻的影响。

过去的产品开发通常都是不连续的,企业注重的是周期式产品发布。未来,物联网型产品的设计将会是高度迭代式的,特别是那些内部嵌有需要经常在云端更新软件的产品。在设计这样的产品时,开发团队必须具备新的技能。制造型企业不但需要机械工程师,同时还需要软件工程师和数据专家的协助。

当企业通过物联网设备搜集数据时,它们可以更深入地了解客户,针对其需求做出更好的定制化产品。物联网可以在企业和消费者之间搭建持续沟通的桥梁,随着产品服务化的普及,新的商业模式将会应运而生。销售和营销团队需要具备更广阔的知识,这样才能有效地把产品定位成互联系统中的一部分。

对很多企业来说,物联网会对其售后服务产生重大影响,因为它使远程服务变得易如反掌。此外,企业可利用传感器数据预测产品部件何时会出现故障,从而推动预测性维护服务的应用,帮助企业拓展用户服务的价值定位。

物联网的出现使安全性变得更为迫切,因为物联网设备可能成为潜在的网络攻击目标。目前企业的主要任务是保护安装在设备现场的数以千计甚至上百万个产品的安全,未来在产品设计和整个价值链中,企业必须把安全性作为首要开发原则。

重新定义行业边界

物联网的大规模应用将会影响企业的发展战略,以及企业实现差异化、创造价值和展开竞争的方式。物联网会改变整个行业结构，混淆行业之间的界限，改变企业的议价能力。

物联网产品将会改变产品设计的基本原则。未来的产品不再是独立概念，而是被设计成整个系统的一个组成部分，可以持续进行维护和升级。当物联网能够把哈佛商学院教授迈克尔·波特所说的"智能互联产品"融合成"产品系统"时，真正的变革就会到来。在这样的产品系统中，物联网产品可以和其他产品结合起来对整个系统进行优化。对此，波特举了约翰迪尔公司的例子。这家老牌公司通过连接和整合产品（如拖拉机、耕作机和联合收割机）开发出一套"农用设备系统"，以帮助农场客户优化整体设备性能。[24]在"智能家庭"领域，苹果公司也在打造基于"苹果家庭套装"框架的产品系统，支持第三方制造商开发可使用苹果家庭应用程序控制的各种产品，如智能电灯、智能淋浴喷头、智能门锁、智能电扇等。从这个意义上说，未来的企业竞争将会从单个产品的竞争转向整个产品系统的竞争。

这样无疑会从根本上改变企业的商业模式，从生产销售单个产品转为提供整个产品系统或平台。目前存在的市场机遇需要企业思考一些关键的战略问题，比如应当关注哪种业务——企业必须决定，是要成为提供整个产品平台的系统集成商，还是成为其他大型平台旗下的某个离散产品制造商。

对商业模式的影响

物联网技术正在迫使企业评估新的战略决策。这些重要决策包括企业应开发哪些能力、在内部整合哪些功能、应当开发开放式系统还是专属系统、需要获取哪些类型的数据、怎样对数据进行管理、应当采用哪种商业模式，以及如何确定产品范围等。

如前所述，由此带来的组织结构变化将会是史无前例的，企业的新旧结构通常需要并行一段时间。为了更好地利用有限的人才资源及其经验，很多公司不得不采用混合或过渡性组织结构。一些企业会和软件公司以及经验丰富的咨询机构展开合作，为其组织机构注入新的人才和改革思路。从事多种业务的企业，通常使用叠加式结构发挥物联网和人工智能技术的优势。

- 独立业务部门。这是一种分离式业务部门，自负盈亏，负责执行产品设计、发布、营销、销售、维护物联网产品和服务等企业战略。业务部门负责召集人才，整合新产品开发所需的技术和资产。此类部门不受传统业务流程和组织结构的约束。
- 优胜中心（center of excellence，CoE）。CoE 是对独立业务部门的补充，它也是一个分离式部门，负责汇集有关智能互联产品的关键知识和技能。这个部门没有利润盈亏责任，但却是其他业务部门都能利用的共享式服务成本中心。CoE 可结合数字化技术（人工智能、物联网）和转型战略的跨职能知识，指导物联网产品战略开发并为其他业务部门提供专家资源。
- 跨业务部门执行委员会。这个机构负责召集各业务部门的意见领袖，以委员会形式分享专业知识，推动部门协作，从而更好地利用新技术带来的发展机遇。这个机构通常会在制定全面数字化转型战略方面发挥关键作用。[25]

物联网产品不但会改变未来的企业竞争形式，而且会改变制造型企业的本质、运行方式及其组织形式。这是当代商业发展史上第一次实现真正意义上的制造型企业组织结构断链。

组织机构应当首先把物联网产品看成实现社会发展和经济改善的机会，这一点很重要。物联网产品的定位是极大推动和改善人类的生存状况，例如通过更高效的能源和资源使用让地球变得更清洁，通过更好的健康监测服务让人们变得更安康。它们能帮助人类改变社会整体消费模式。物联网产品带来的无数创新机会及其生成的海量数据，未来将会成为经济增长的重要发动机。

物联网技术为各行各业的组织机构带来了巨大的发展机遇，预计2025年之前可为全球经济创造超过11万亿美元的新价值。当我们身边的一切事物都变成计算设备时，这一技术将会深刻地改变产品的设计、维护和使用方式。目前，很多和我交流过的企业都把物联网技术作为公司优先发展的战略目标，未来将会有更多的企业紧随他们的步伐。物联网结合了分析云端大量数据集的能力以及在具体案例中应用复杂人工智能算法的能力，未来必将极大地改变企业运行和创造价值的方式。

人工智能和物联网终极计算平台

物联网设备，即传感器，是能以实时或接近实时远程监控设备服务状态、系统和组织体系的传感器。这些传感器会在所有价值链中增生，如旅行、运输、能源、航空、医疗、金融服务、国防系统和政府机构。它们的身影无处不在，从智能手表、智能仪表到家庭摄像头，几乎遍及各个角落。所有现代化飞行器、车辆和建筑设施都安装有各种传感器，能帮助管理者或制造商对设备进行监控。今天我们穿戴 Fitbits 设备，未来我们将会植入带有传感器的心脏监控器。人类的脑电波也能使用设备进行监控，装有微传感器的药片被患者服用后可报告内脏状态、血化指标、心律失常情况和皮质醇水平，这一切都可以进行远程监控。

如前所述，21 世纪物联网传感器的发展增速令人感到不可思议。很快会有超过 500 亿个传感器被广泛安装在工业、政府和消费者价值链中。

如果剥去表层深入观察这些物联网设备，我们会发现尽管这些设备的价格只有几块钱甚至几分钱，但它们每一个都具备独立的计算和通信能力。实际上，这些设备全都是连接到网络的微型计算机。

英特尔公司联合创始人戈登·摩尔曾提出著名的摩尔定律（见图7-6）。1965年，摩尔提出了集成电路板上晶体管的数量每两年就会翻一倍，同时生产成本会降低至原来一半的理论。这一经济成本向我们展示了过去50年来，计算机和内存性能飞速发展背后的推动力。

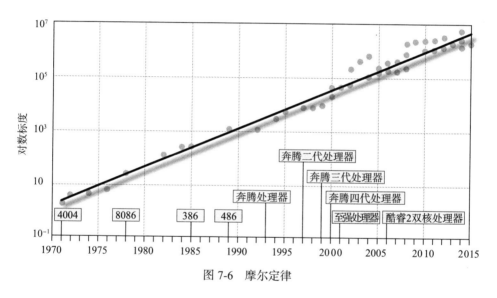

图 7-6　摩尔定律

20世纪70年代，曾在施乐帕罗奥多研究中心担任科学家的罗伯特·梅特卡夫发明了以太网，这项重要技术突破的出现把以前离散的电脑连接成了互动式网络。他发现，计算机网络发挥的价值远大于网络中每台计算机单个效力之和。1980年，梅特卡夫定律首次对此现象进行了描述。该定律认为，网络的效力等于网络互联设备数量的平方（见图7-7）。

我们可以把数字化转型视为摩尔定律和梅特卡夫定律的碰撞和融

合。物联网为我们带来了拥有 500 亿台计算设备的超级网络，这个数字的平方可以达到惊人的 10^{21}。

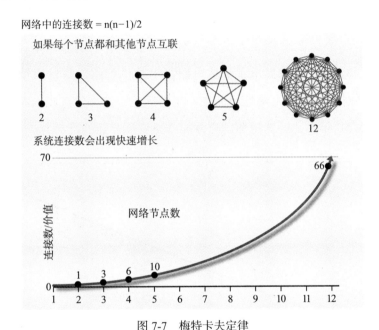

图 7-7　梅特卡夫定律

注：即将拥有 500 亿互联设备的物联网形成的庞大计算平台，其威力是几年前人类所无法想象的。

10^{21} 大约相当于整个宇宙中的星辰数量，即 10 亿万亿！物联网或许是定义 21 世纪经济的最为重要的特征。没错，物联网即传感器组成的网络，它能搜集海量数据并将其应用到很多全新和重要的领域。最重要的是，物联网是一个计算平台，很多计算活动是在传感器上进行的，也就是说是在边界发生的。这些传感器集体构成了一个庞大的计算平台，它所形成的网络威力在几年前根本无法想象。

物联网和人工智能可以说是一枚硬币的两面，全面推动人工智能和数字化转型的正是这一计算平台。

DIGITAL TRANSFORMATION

| 第八章 |

数字化企业

我们在前面的章节已经提到,弹性云计算、大数据、人工智能和物联网技术的聚合推动了数字化转型。善于利用这些技术并成功转型成为充满活力的动态数字化企业的公司将会繁荣发展。反之,无法实现转型的企业将变得无足轻重甚至无法生存。我知道这听起来很吓人,但事实就是这样。

错过变革性战略转型的代价是十分惨痛的。多少曾经声名显赫的公司,由于墨守成规不愿改变而落得以失败告终的下场。百视达(Blockbuster,美国大型家庭影视娱乐供应商)、雅虎和博德斯(Borders,美国著名连锁书店)就是这样的例子,它们就是因为无法适应行业变革而被无情碾压。美国视频和游戏租赁公司百视达在其最鼎盛时拥有6万名雇员,收入高达59亿美元,市值达到50亿美元。[1] 然而仅仅六年之后,这家公司就宣告破产,只剩下一具躯壳。[2] 2000年,奈飞公司首席执行官里德·哈斯廷斯提出与百视达合作,愿以5千万美元收购这家公司的线上业务,结果被百视达拒绝了。[3] 截至本书写作时,奈飞公司的市值已超过 1600 亿美元,而百视达则彻底退出了历史舞台。奈飞察觉到了变化趋势,果断抛弃了邮购业务,转型成为流媒体视频公司。遗憾的是,百视达错过了这个机遇。

2000 年,雅虎在互联网世界的地位如日中天,在互联网泡沫顶峰时期,市值一度高达 1250 亿美元。[4] 后来,雅虎有机会收购谷歌和脸书,但最后都因为价格问题没有达成交易。雅虎觉得支付 30 亿美元来收购谷歌这样的公司实在太浪费了。[5] 2008 年,微软曾尝试以 450 亿美元的价格恶意收购雅虎,结果被雅虎成功抵制。2016 年,Verizon 公司以 48 亿美元的价格完成了对雅虎的收购。[6] 雅虎开始走下坡路的迹象十分明显,消费者互联网正变得高度移动化和社交化,基于图片和视频的互动趋势越来越强。雅虎没有觉察到这种趋势,结果被收购肢解。截至本书写作时,谷歌和脸书的市值已分别达到 8400 亿美元和 5000 亿美元。

博德斯是一家美国图书零售商,2003 年鼎盛时期在全美开有 1249 家分店。[7] 两年前,博德斯把旗下的电子商务业务委托给了亚马逊网站。后来证明这是一个巨大的错误,公司从此失去了打造专属在线业务的机会。[8] 面对亚马逊的电子图书和数据推动型物流服务带来的生存挑战,博德斯显然难以招架。不出所料,把在线业务拱手让给亚马逊,使博德斯公司无法再进入电子图书领域,企业品牌受到重创,慢慢被消费者遗忘。2010 年,博德斯曾试图推出自己的电子阅读器和电子图书商店,可惜为时已晚。[9] 一年后,这家公司关闭了旗下所有的书店。[10]

百视达、雅虎和博德斯,这些公司绝非个别案例。它们的遭遇并不罕见,也没有任何特别之处。简而言之,它们不过是业务模式转型造成的大规模企业灭绝现象中的牺牲品。它们很好地诠释了数字化转型失败的企业的下场。可以说在当今时代，数字化转型就是一场你死我活的竞争。无法成功实现转型的企业必然会遭遇与百视达、雅虎、博德斯同样的结局。

虽然转型失败的代价极高，但寻求数字化转型的大型企业的未来前景却从未如此光明。这里主要有两方面的原因，一是梅特卡夫定律的作用，我们在第七章说过，网络的价值会随着组成网络个体的数量的增加而增长。大型企业在利用数据方面获得的收益也遵从这一定律，在正确使用数据的情况下，企业数据的价值会随着数据规模的扩大出现指数级增长。大企业通常要比初创企业拥有多得多的数据，搜集整理数据的速度也相对较快。成功实现数字化转型的组织机构可以筑造起一道"数据壕沟"，这是一种不对称优势，能有效打击潜在竞争对手进入行业的意图。数据壕沟的影响力不可低估，目前亚马逊和谷歌已经形成了这种优势，其多年积累得来的消费者和用户数据达到了惊人的规模。与此类似，市场的早期进入者，如优步、Zappos、Slack 和 Instagram 等公司，也在利用破坏性创新产品大量搜集用户数据，快速获得竞争力，建立起强大的产品上市规模化优势。

大型企业更易于利用数字化转型的第二个原因是它们通常具备雄厚的资金。数字化转型可带来极富吸引力的投资机会，其中之一是雇用大量一流水平的数据专家和数据工程师。另一个是投资数字化转型技术。

我们发现这两个方面，即数据壕沟和雄厚资金，实际上是具备协同效应的。拥有专有数据、合理技术且有钱招募一流人才的大型企业，会发现自己正处在史无前例的有利发展阶段。

对于数据专家和数据工程师来说，更多的数据意味着更难解决的问题，它们会吸引一流的专家接踵而来。如果大型企业能成功实现数字化转型，它的数据壕沟（即相对于竞争对手拥有更多数据的优势）将会转化成吸引一流数据专家的能力、打造一流人工智能算法和输出平台的能力、生成一流观点的能力，以及最终实现一流经济效益的能力。谷歌、亚马逊和奈飞正是拥有数据优势的大企业取得成功的最好证明。

我们正处在数字化转型的早期阶段，正如我们所看到的，推动这场变革的技术仅用了 5 到 10 年的时间就已经发展成熟。在本章，我要分享的是六家大型企业和政府机构成功实现数字化转型的案例，它们分别是法能能源公司、意大利国家电力公司、卡特彼勒、约翰迪尔、3M 公司和美国空军。这些案例都是在我们（C3.ai 公司）为上述客户提供咨询服务的基础上形成的。

下面的案例涉及解决全球最为复杂的一些数据科学问题，其中包含了不同的具体应用，如预测性维修、库存优化、欺诈识别、流程和产量优化，以及推动客户决策等。这些案例的共同之处在于其解决方式的战略性本质，特别是通过关注具体的高优先级目标来创造重大且可衡量的经济价值。另一个共同之处是转型变革都由企业首席执行官级别的高管强制推动。

法能能源公司：企业全方位数字化转型

法能能源公司是我在前面提到过的一家综合性法国能源企业，这家公司在很多方面都是大型企业成功实现数字化转型的楷模。法能能源公司拥有超过 15 万名员工，在 70 多个国家开展业务，2018 年财报收入为 606 亿欧元。公司拥有的 2200 万个物联网设备和数以百计的企业运营系统每天可生成大量的数据。2016 年，法能能源公司首席执行官伊莎贝拉·高珊意识到公司所在行业的核心正在受到两大重要力量的动摇，即数字化和能源转型。用公司自己的话说，"无碳化、去中心化和数字化"正在推动能源行业的全新革命。[11] 高珊意识到，要想在新能源时代求得生存和发展，法能能源公司必须进行全面的数字化转型。

如前所述，成功的数字化转型在管理上必须是由上而下推动的。在法能能源公司，这个任务首先落到了高珊的肩头。她描绘了公司实现数字化转型之后的发展前景，宣布从 2016 到 2019 年，公司将投入 15 亿欧元推动数字化转型。为此，她专门成立了公司数字化部门，负责在整个企业范围内助力数字化转型活动。法能能源公司的数字化部门包括一个数字化工厂，这个工厂实际上是一个优胜中心，公司的软件开发人员可以在这里和合作伙伴孵化和推动创新信息技术工具在整个企业范围内的应用。后来，高珊任命伊夫·勒·热拉尔为首席数字官，负责全面管理公司的数字化转型活动。[12]

法能能源公司实现转型的第一步是确定高价值使用案例，然后设定行动路线图，按照重要次序逐步实现全面数字化转型。公司的数字化工厂设计了一个有优先次序的全面项目路线图，应用案例横跨企业的各条业务线。具体举例如下：

- 在天然气资产领域，法能能源公司使用预测分析和人工智能算法对资产进行预测性维修，优化发电生产。具体措施包括找到低效生产原因，减少设备故障和提高运营时长。
- 在客户管理方面，法能能源公司为客户推出了一整套在线服务系统，包括可帮助客户自行管理能源使用情况的自助型应用。针对个体住户和大楼物业，公司开发了可根据智能传感器返回的数据进行分析的应用，以帮助用户节约能源。
- 在可再生能源领域，法能能源公司开发了数字化应用平台以优化可再生能源的发电生产。这些应用使用预测分析和人工智能算法去预测维护需求、发现未达产设备、为现场工作人员提供关于资产和维修需求的实时反馈。该平台目前已涵盖超过 2 千兆瓦的装机容量，截至 2020 年涵盖的装机容量会超过 25 千兆瓦，它已成为全球可再生能源管理领域最大的人工智能平台之一。目前，该平台有 1000 多种机器学习模型在不断进行算法训练，以适应持续变化的运行环境，每天能以十分钟一次的频率对遍布全球的 350 台风力发电机提供 14 万条预测分析结果。截至 2020 年，公司的数字化平台会应用 20 多种额外的机器学习使用案例，进一步释放出更大的经济价值。

- 在智能城市方面，法能能源公司计划开发部署一系列应用，包括高效的区域冷暖调温、交通控制、绿色出行、垃圾管理和安全管理，以推动可持续型节能互联城市的发展。据统计，全球人口生活在城市的比例将会从现在的 50% 增长到 2050 年的 70%。

法能能源公司数字化转型的使用案例还有很多。在整个组织机构范围内，公司将在三年内开发部署 28 项新技术应用，培训 100 多位专业员工。为协调和推动这场变革，法能能源公司成立了专门的优胜中心，采用最佳实践推动业务部门领导之间的协作，确定需求，设计路线图，以系统化方式开发部署系统应用，创造出可衡量的转型成果。

优胜中心成立仅一年后，法能能源公司就开发上线了四种技术应用。这些应用的成果正在逐步显现，为企业带来巨大的经济效益。例如反预见性维护系统降低的设备故障率，以及设备下线维护计划的优化这两项应用每年预计可创造 1 亿欧元以上的经济价值。

意大利国家电力公司：逐步完善的数字化转型

意大利国家电力公司是全球第二大发电企业，拥有超过 95 千兆瓦装机容量，在全球有超过 7000 万客户和 69 000 位员工，2018 年公司营收达到 757 亿欧元。作为智能电网领域的先锋，意大利国家电力公司是世界上首个用数字化智能电表取代传统电子机械式电表的企业，这是一项针对整个意大利用户实施的重要举措。2006 年，意大利国家电力公司在整个意大利范围内安装了 3200 万个智能电表，后来在整个欧洲范围内共安装了 4000 多万个智能电表，占欧洲智能电表总数 80% 以上的比例。

意大利国家电力公司的数字化转型具有十分重要的意义，它是全球部署人工智能和物联网应用最多的企业。公司的数字化转型之路也是自上而下推动的，首席执行官弗朗西斯科·斯塔莱斯委派设施技术服务部主任法比奥·委罗内塞全面负责公司的数字化转型活动。意大利国家电力公司计划投入 53 亿欧元对其设备资产、运营系统和工作流程进行数字化改造，以达到强化互联性的目的。[13]

在此，我们主要来看意大利国家电力公司数字化转型活动中的两个具体应用案例。第一个是对公司在意大利境内长达 120 千米的配电网络的预测性维修应用。这个网络由各种不同设备资产组成，包括全部装有传感器的变电站、配电线路、变压器和智能电表。为进一步提高电网稳定性，减少系统掉线情况和设备故障导致的服务中断，意大利国家电力公司部署了预建型人工智能预见性维护应用。这款软件即服务（SaaS）应用使用高级机器学习算法实时分析网络传感器数据、智能电表数据、设备维修记录和天气数据，并将其与配电网络"反馈器"（即从变电站向变压器和终端用户输送电力的配电线路）联合起来，在故障发生之前做出准确预测。意大利国家电力公司可以实时监控设备资产，每日对资产进行风险评估，快速发现异常状态或工作环境变化，进而预测可能出现的维修问题。这种人工智能预测功能可有效帮助意大利国家电力公司改善电网可靠性，降低运营成本，更加灵活地安排维修任务，显著提高设备资产的生命周期，同时极大改善客户的满意度。

这个项目的重要创新有两方面，一是为意大利国家电力公司开发先进的图形网络方法，使其能在任何时间点构造公司的网络状态；二是使用高级机器学习型框架开发持续学习能力，以改善对设备资产故障的预测精度。利用弹性云计算技术，这款预见性维护应用可从公司的电网传感器和智能电表中汇集拍字节规模的实时数据，然后将这些数据和运营系统数据进行关联，最后把数据提交给强大的分析和机器学习算法进行处理，让系统生成运营管理建议。

第二个应用案例是收入保护。意大利国家电力公司改变了传统的电力盗用（非技术损失）识别和处理方式，在提高发电量的同时，有效增加了对被盗用能源的追讨。为实现这一变革，公司计划推出企业级人工智能和物联网 SaaS 应用，该应用可在六个月的时间内部署公司分布在全球的所有运营机构。实现这一目标需要开发一套可媲美公司内拥有 30 多年人工处理经验的专家的机器学习算法。尽管这是一项相当重大的技术挑战，意大利国家电力公司仍制定了雄心勃勃的发展计划，准备在几年的时间内把企业的收入保护能力提高一倍。

推动这项转型的一项重要创新是取代传统的非技术性损失识别流程。具体做法是在结合能源追讨程度和欺诈可能性的基础上，利用高级人工智能算法对服务点潜在的非技术性损失情况进行分析和优先度排序，进而改善现场检查的成功率。人工智能型收入保护应用的部署，使意大利国家电力公司成功实现了预定目标——被盗用能源的平均追讨量翻了一番。由于公司原来的工作流程拥有三十多年的专家经验，这项人工智能系统的应用取得了很大的成功。

数字化转型为意大利国家电力公司创造了极大的经济价值和影响。该公司为此被选入《财富》2018"改变世界的企业"榜单（全球仅有57家公司入选），这已经是该公司四年之内第三次被选入该榜单。企业入选《财富》榜单，是因为它们的核心业务战略既能带来社会价值，又能带来环境方面的改善。意大利国家电力公司已经把创新和数字化转型灌输到了整个组织机构的每一个方面，由此带来的回报是非常可观的，每年预计可创造超过6亿欧元的经济价值。

卡特彼勒：企业数据中心

目光转向工业制造领域，我们来看一下世界一流建设和矿用设备制造商卡特彼勒的应用案例。卡特彼勒是一家专业生产高度复杂的工程化产品的企业，公司深知从根本上转变密集型生产流程蕴含的重大价值。2016年，时任卡特彼勒首席执行官的道格·奥伯赫尔曼（Doug Oberhelman）宣布："目前我们有40万台互联设备，这一数量还在继续增长。到今年夏天时，我们每一台下线的机器都将实现互联，为业主、经销商和我们提供设备生产率方面的反馈数据。"他预测未来卡特彼勒将会"在用户的手机上显示包括机器、车队、性能状况、出勤率和生产率等在内的所有信息。"[14]

卡特彼勒的数字化转型战略取决于公司的数字化互联设备，目前公司在全球范围内投入使用的设备约有47万台（预计很快会增长到200万台以上）。为实现转型，公司的第一步是成立可扩展的企业数据中心，对全球2000多种卡特彼勒的应用、系统和数据库传回的数据进行统一整理。这些数据包括业务应用数据、经销商数据、客户数据、供应商数据和机器数据。这些数据会被汇集、分类、规范并整理成统一的数据格式，以支持各种机器学习、预测分析，以及在公司所有业务部门中的物联网应用。

通过企业数据中心，卡特彼勒开发了一系列应用来推动其数字化转型活动。公司首先在库存管理方面实现了智能应用。面对需求随时变动的 28 000 多个零件供应商和 170 个国外经销商，如何管理好供应网络是一个令企业感到极其头疼的问题。如何利用人工智能、大数据和预测分析手段实现供应网络的可视化、了解国外零件海运的中转时间、减少过度库存和备件库存，这些都是卡特彼勒亟待解决的重要问题。

随着人工智能应用的出现，卡特彼勒现在可以搜索检视整个供应链的库存情况，接收人工智能应用对最佳库存水平提出的建议，在缺货风险和过量库存之间找到完美平衡。公司开发部署的高级人工智能解决方案可使经销商可视化地观察到从产品组装到成品入库的整个流程。此外公司还能提供复杂的"相似性搜索"功能，帮助经销商对接近客户需求的库存产品进行搜索，从而更有效地满足客户的需求。这项应用还能向卡特彼勒的生产规划人员和产品经理提出配置选项建议和库存水平建议。

接下来，卡特彼勒准备利用所有互联设备返回的遥测数据以及和每一台设备环境工作条件相关的数据。其中，部分遥测数据的发射频率能达到每秒 1000 多条信息。这种人工智能应用可以帮助卡特彼勒及时发现设备异常、预测设备故障、设计开发更具竞争力的保修产品，以及利用整套运行数据开发下一代产品和特征。

卡特彼勒的上述业务变革是通过建立优胜中心来实现的。这是一个跨职能团队，组织外界专家和公司开发人员对各部门进行密集培训，帮助员工了解如何利用人工智能和预测分析手段设计、开发、部署和维护各种系统应用。优胜中心的作用是确定优先发展案例路线图，实施可升级可重复性程序以开发、部署和运行一整套高价值应用，进而推动企业的全面转型。

约翰迪尔：供应链和库存转型

约翰迪尔也是一家利用数字化转型战略改变供应链的工业制造商。约翰迪尔公司成立于 1837 年，是全球最大的农用设备制造商，拥有 6 万多名员工，年收入超过 380 亿美元。

管理库存是约翰迪尔数字化转型的重要组成部分。这家公司在全球设有数百家工厂，负责生产极为复杂的工业化设备。客户可对公司上百种个性化选项进行配置，从而形成数以千计的产品组合。如此规模的产品定制化服务为公司生产过程中的库存管理带来了极大的复杂性。以前，约翰迪尔必须管理需求波动、供应商交货时间以及产品线故障等各种不确定性因素。这些不确定性，以及产品配置在订单下达之前很难最终确定等问题，导致公司不得不维持过量库存以及时完成订单。显然，维持过量库存不但成本极高，而且管理起来非常复杂。

和很多工业制造商一样，约翰迪尔部署了物料需求规划软件来支持生产规划和库存管理。此外，公司还尝试了各种不同的商用库存优化软件。但是在种类数量繁多的情况下，这些软件并不能动态优化具体零件的库存水平，也无法管理不确定性和利用数据进行持续学习。重要的不确定性因素有很多，其中包括需求变动、供应商风险、供应商交付产品的质量问题，以及生产线故障等。

为解决这些问题，约翰迪尔开发了人工智能型应用来优化库存水平。该应用首先被投入到一条拥有超过 4 万多个零部件的产品线中。在各种参数的基础上，公司使用算法计算每日历史库存水平。使用人工智能应用之后，约翰迪尔可以模拟和优化订单参数，根据生产订单对计划使用的物料进行量化，从而实现安全库存水平的最小化。这项应用为企业带来了深刻的影响，约翰迪尔的零件库存水平降低了 25 到 35 个百分点，每年可为公司创造 1 到 2 亿美元的经济价值。

3M：人工智能驱动型运营改善

总部位于明尼苏达州的 3M 公司是一家大型跨国综合性企业，围绕 46 个核心技术平台生产，有上万种不同的产品。公司的主营业务是实体产品，此外还有一个 3M 健康信息系统部门负责开发软件产品。

3M 公司的起源可以上溯到 1902 年，当时一群有志青年成立了明尼苏达矿业制造业公司，可惜这家以矿业为主营业务的公司很快就以失败告终。但公司创始人、一些投资者和员工试图东山再起。他们改变了经营思路，开始尝试商业化不同的产品，最终通过生产砂纸取得了成功。在经营过程中，3M 公司形成了活跃的创新文化，这种文化一直成功延续至今。3M 公司拥有多项知名的工业产品和消费者产品，如透明胶带、便利贴和斯科奇加德防油防水剂。目前，3M 公司（2002 年更名）拥有 91 000 多名员工，2018 年营业收入超过 320 亿美元。

公司首席执行官麦克·罗曼是一位在 3M 公司工作 30 年的老员工，他的管理团队正在实施"3M 守则"式管理。3M 守则是一套战略流程，它关系到公司的简化、优化、创新和竞争力开发等核心目标。作为守则的一部分，3M 公司的"业务转型"活动强调在降低成本的同时提高经营生产率。2018 年，罗曼在接任首席执行官不久后称："在快速变化的时代，企业必须不断做出调整、改变和预测。正因为如此，公司转型对我们至关重要，我们必须变得更敏捷、更紧跟时代、更高效、装备更好的技术应用，只有这样才能满足不断变化的客户需求。"[15]

3M 公司发现，其业务流程中有很多机会可以使用人工智能技术来推动经营效率和生产率的提升，为公司带来直接的可观经济利益。为此，公司正在开发部署多项针对特定高价值使用案例的人工智能应用。下面我主要介绍其中两种会令制造业企业感兴趣的使用案例。

在第一个案例中，3M 公司开发的人工智能应用极大改善了其"承诺交付"流程。它能帮助公司向企业用户做出更准确的产品交付承诺，有效提高了客户的满意度。要知道，对 3M 公司这样拥有庞大供应链、物流网络和数以万计产品变量的大型企业而言，这是一个非常难以解决的复杂问题。

在人工智能应用的帮助下，3M 公司可以整合并统一来自不同企业系统的数据，如订单系统、客户系统、需求系统、生产系统、库存系统和客服系统，从而预测每一份订单的预计交付时间，在客户下订单时做出精准的承诺。这种类型的人工智能应用可以把商对商采购变得像在亚马逊网购一样简单，通过承诺交付的方式极大提升公司的客户服务能力。此外，这一应用的第二个好处是可以发现供应和物流网络中的瓶颈环节，进一步推动网络优化。3M 公司的授权用户可在全球任何角落访问相关的关键绩效指标，这些指标可以通过直观的用户界面以实时方式进行更新。管理者还可以利用系统反馈信息制定重要的运营决策，例如订购额外库存、重定向订单，以及向可能受影响的客户发出服务预警。

第二个应用案例关注的是"订单发票升级"流程，其目标是大幅减少与发票相关的客户投诉数量。面对很多采购订单的复杂性，如各种发票行、跨境交付，以及多种折扣率和税率，客户往往会对发票的相关问题有大量投诉。3M 公司开发的人工智能应用可以预测可能导致客户投诉的发票，提醒公司专员在寄送之前对发票进行审核和修改。3M 的发票管理系统以前只靠规则型算法标记可能存在的问题，这种系统缺乏人工智能的预测能力。新的应用使用复杂的人工智能算法和现有规则，能以极高的精确度发现存在问题的发票。对于 3M 公司这样业务遍及全球的大型企业来说，无论在降低调查成本还是在提升客户满意度等方面，这套系统带来的好处都是显而易见的。

截至 2020 年，3M 公司预计其业务转型活动每年可为公司节省 5～7 亿美元的运营支出，此外还能节省 5 亿美元的资金投入。加起来这就是 10 亿美元的经济价值，约占公司 2018 年营业收入的 3 个百分点。

美国空军：预测性维修

当很多工业企业在利用人工智能预测分析技术优化库存、预测收入和改善客户关系时，政府机构也在积极利用数字化转型的优势为自身服务。

美国空军每年要花掉三分之一的预算对设备进行维修。这笔费用哪怕稍微省下来一点，都会对军事备战产生深远的影响，这种影响对现有资源、部队士气和其他方面的作用更是难以估量。从 2017 年年中开始，美国空军系统的几个内部团体开始考虑能否使用人工智能技术对战机维修工作进行预测，从而减少计划外故障、提高战机可用率、改善维修计划的常规性。

美国空军需要维修近 5600 架战机，这些战机的平均服役时间达到了 28 年。空军系统在美国拥有 59 个基地，在海外有 100 多个机场。这些飞机由 17 000 名飞行员驾驶，数以千计的不同业务部门的专业人员负责维修。决定飞机是否需要维修，以及六大主要系统（引擎系统、飞行系统、环境控制系统、液压气动系统、燃油系统和电子系统）和子系统是否出现故障的相关因素有很多种。基地的温度湿度、维修人员的行为、飞行条件、时长、设备状况、服役时间等都会影响飞机的维修需求。

为解决这个复杂问题，美国国防创新单元驻硅谷工作站负责推动商业技术和空军系统多个部门之间的军事应用合作，共同开发基于人工智能技术的预测性维修应用。这些团队首先从 E3 空中预警机展开研究，把积累了长达 7 年的所有相关结构化数据和非结构化数据汇集到一起，其中包括飞行架次、机组人员经验、子系统相互依赖程度、外部天气、维修日志、油样，以及飞行员记录等。

针对一架 E3 预警机的子系统，这些团队使用三周时间汇集了来自 11 个渠道的 2000 个数据点的各种操作数据，在此基础上开发出了应用原型。经过 12 周的努力，他们向军方交付了含有 20 种人工智能机器学习算法的初始应用程序。该应用可计算高优先级战机子系统的故障发生率，以确保在故障发生之前及时对这些系统进行维修。

预测性维修应用还能优化维修计划、保障设备的无故障风险使用、优先安排需要维修的设备、利用现有工单管理系统直接安排维修活动、发现造成潜在故障出现的根源，以及向工作人员推荐技术解决方案。现在美国空军团队能以不同的数据为基础对设备状况进行分析，其中包括系统和子部件、风险描述、操作状态、地理位置和部署等数据。

总体来看，前期项目提升了 40% 的飞机可用率。在前期项目成功的基础上，美国空军把此项应用扩展到了 C5 银河运输机和 F16 战隼式战机，未来更计划把预见性维护应用部署到空军系统的所有机型。经过广泛部署之后，预计美国空军的整体备战水平可提高 40%（见图 8-1）。

图 8-1　人工智能型预见性维护应用可提高 40% 的飞机备战率

注：根据对 E3 预警机（左侧）部署人工智能预见性维护应用取得的初始成果，美国空军把该项目扩展到了 F16 战隼机队（中间）和 C5 银河运输机机队（右侧）。

上述案例表明，数字化转型可对大型企业和公共服务领域带来革命性影响。未来，这些变革将会逐步深入到企业和组织机构的所有流程和文化中去。

但是数字化转型的成功离不开两个重要的前提条件，一是可支持人工智能和物联网等新式应用的技术基础设施，二是来自企业首席执行官的直接领导。下一章，我将介绍数字化转型所需的新型"技术栈"。在本书最后一章，我会列出首席执行官需要做出哪些具体行动来推动企业的数字化转型。

DIGITAL
TRANSFORMATION

| 第九章 |

新技术栈

在信息技术行业从业40多年来,我目睹了这一行业的年产值从约500亿美元发展到今天的4万亿美元。目前,这一增长趋势仍在加速。

我见证了计算机系统从大型机逐步变成小型机、个人电脑、互联网计算,直到今天的手持计算设备;软件行业从基于多重虚拟存储系统(MVS)、虚拟存储访问系统(VSAM)和索引顺序存储访问系统(ISAM)的应用软件定制,发展到利用关系数据库开发的应用、企业应用软件、软件即服务、手持式计算应用,直到今天的人工智能型企业应用。我见证了互联网和苹果手机对万事万物的改变,每一种转变都意味着对传统产品的市场更替,每一次变革都带来了生产率水平的巨大提升,每一次转型都为组织机构带来了建立可持续竞争优势的机会。

显而易见,无法利用新技术的企业很快会失去竞争力。试想一下,如果当今时代某个大型跨国企业还没有企业资源规划系统或是还在用大型机处理业务,那是多么令人难以想象的事情。

新技术栈

我在本书讨论的信息技术中的当前阶跃函数具有一系列的独特需求,这些需求的实现需要全新的软件技术栈。这一技术栈在开发和运行有效的企业人工智能或物联网应用方面的需求之高简直令人畏惧。

要开发有效的企业人工智能或物联网应用,必须汇集来自数千个企业信息系统、供应商系统、分销商系统、市场系统、在用产品系统,以及传感器网络系统的大量数据,以提供对企业外延的近乎实时的数据总览。

这一新数字化趋势要求的数据传播速度是非常惊人的,此类应用要有能力以极高的频率获取并汇集来自数亿个终端点的数据,这个频率有时甚至超过 1000 赫兹(每秒 1000 次)。

然后系统对接收到的数据需要以同样的速度进行处理,在高度安全和灵活的系统中解决数据一致性、事件处理、机器学习和可视化等问题。处理这些问题需要很高的横向扩展式弹性分布式处理能力,只有当今的云计算平台和超级电脑系统才能满足这样的要求。

接下来的数据一致性问题,无论对系统规模还是形式方面都有极高的要求。这些数据集会快速汇集成几百个拍字节,甚至是艾字节的规模,而且每一种数据类型都必须存储在相应的数据库中,以便系统进行高速访问。关系数据库、键值数据库、图形数据库、分布式文件系统和blobs,这些只不过是系统必需的数据库类型中的一部分,这些数据库都要求数据可实现不同技术平台上的组织和连通。

自助式开发

20 世纪 80 年代,我在甲骨文公司工作时,公司向市场推出了关系数据库管理系统，引起了市场的极大兴趣。关系数据库管理系统技术在应用开发维护方面，可为企业带来显著的成本效益和生产率的提升。它的出现为下一代企业应用的研发起到了推动作用，此后市场上陆续出现了物料需求规划系统、企业资源规划系统、客户关系管理系统、生产自动化系统等各种企业应用。

在关系数据库管理系统市场上，早期竞争企业主要有甲骨文、IBM（DB2 系统）、关系技术公司（Ingres 系统）和雷明顿兰德（Mapper 系统）。但是对拥有市场份额最大的甲骨文公司来说，最大的竞争对手并不是上面这些公司，而是各个企业的首席信息官。因为他们总喜欢利用公司内部的信息技术人员、外部团队或系统集成商来自行开发企业所需的关系数据库管理系统。遗憾的是，这些自行开发活动一个都没有成功。在浪费几年时间和数千万美元的投资之后，这些首席信息官不得不宣告失败，最终还是要采用商用关系数据库管理系统。

20 世纪 90 年代，当我们向市场推出包括企业资源规划系统和客户关系管理系统在内的企业应用软件时，业内主要的软件竞争对手有甲骨文、SAP 等公司。但实际上，企业应用相关软件的主要障碍仍然是各公司的首席信息官。很多首席信息官认为，他们拥有内部开发此类复杂企业应用所需的知识、经验和技能。然而在耗费海量人力和数以亿计的资金之后，这些开发项目依旧无一例外地失败了。几年之后，企业不得不更换新的首席信息官，请我们为其安装成熟可用的商用系统。

我记得就连一些技术实力非常雄厚的企业，在内部开发客户关系管理系统时也曾遭遇反复失败，其中包括惠普、IBM、微软和康柏。经过多次失败尝试之后，无一例外地成了西贝尔系统公司客户关系管理系统的客户。如果这些技术型大企业都无法做到自行开发，那些电信公司、银行和制药公司又怎么可能取得成功？事实的确如此，很多企业都曾尝试过，但结果全都失败了。

参考人工智能软件平台

要实现人工智能和物联网计算需要解决很多重大问题。大规模并行弹性计算存储能力是必要的先决条件。如今此类服务通常能以极低的成本在微软 Azure 云、亚马逊 AWS 云、IBM 云等云计算平台获得。这是计算领域的一个重大突破,弹性云的出现改变了一切。

除了云计算,此类应用的开发、部署和运营还需要使用各种数据服务。

图 9-1 中显示的内容是推动此类应用开发必需的各种软件。你可以把其中每一项内容视为开发较为简单的企业应用系统(如客户关系管理系统)时要解决的一个开发问题。要解决人工智能和物联网等高度复杂的企业应用开发,所需的软件技术组装量大约相当于把过去 50 多年出现的所有商用软件开发方式全部加以整合。这是一个想想都令人头疼的问题。

我们来看一下此类应用开发具体有哪些需求。

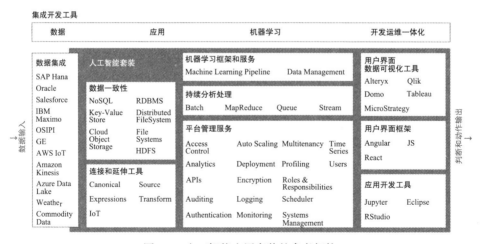

图 9-1 人工智能应用套装的参考架构

注:人工智能和物联网应用的成功开发离不开一整套工具和服务的投入,它们必须高度集成化,可实现相互协作。

数据集成：这是一个困扰计算行业数十年的老问题。要实现机器学习和人工智能的工业化规模应用，前提条件是要有统一格式的数据。这些数据来源于不同的渠道，其一是企业信息系统，如企业资源规划系统、客户关系管理系统、数据采集与监控系统、人力资源系统和物料需求规划系统，通常每个大型企业都会有数以千计的不同数据系统；其二是物联网网络中的各种传感设备，如 SIM 卡芯片、智能仪表、可编程逻辑阵列、机器遥测和生物信息发射器；三是相关的企业外部数据，如有关天气、地形、卫星图像、社交媒体、生物信息、交易情况、定价、市场信息等方面的数据。

数据一致性：这些系统汇集和处理的数据包括各种类型的结构化和非结构化数据，如个人可识别信息、统计数据、图像、文本、视频、遥测信号、语音、网络拓扑结构等。可以说，根本不存在可适用于所有数据类型的通用型数据库。这就导致应用开发过程中必须采用各种数据库技术，包括但不限于关系数据库、NoSQL 数据库、键值数据库、分布式文件系统、图形数据库和 blobs 数据库。

平台服务：企业人工智能和物联网应用的开发离不开各种复杂的平台服务，如访问控制、动态数据加密、静止数据加密、ETL、队列服务、管道管理、自动扩展、多租户、验证、授权、网络安全、时序服务、规范化、数据隐私、GDPR 隐私合规、NERC-CIP 合规，以及 SOC2 合规服务。

分析处理：此类系统的数据获取量和获取速度非常惊人，数据类型和分析需求各不相同，因此需要一系列分析处理服务。这些服务包括持续分析处理、MapReduce、批处理、流处理和递归处理服务。

机器学习服务：开发此类系统的关键是要帮助数据专家开发部署机器学习模型。有很多工具可以实现这个目的，其中包括 Jupyter Notebooks、Python、DIGITS、R 和 Scala。此外，机器学习库的重要意义也在日益凸显，如 TensorFlow、Caffe、Torch、亚马逊机器学习和 Azure ML。你开发的平台必须支持所有这些服务。

数据可视化工具：任何可行的人工智能架构都需要具备各种不同的数据可视化工具集，包括 Excel、Tableau、Qlik、Spotfire、Oracle BI、Business Objects、Domo、Alteryx 等。

开发者工具和用户界面框架：大多数情况下，在你的信息技术开发和数据专家团队中，每个人都会使用自己觉得顺手的一套应用开发框架和用户界面开发工具。如果你的人工智能平台不支持所有开发工具，比方说不支持 Eclipse IDE、VI、Visual Studio、React、Angular、R Studio 和 Jupyter 等工具，开发团队就会无法完成工作。

开放性、可延展性和未来兼容性：上述系统中的软件和算法创新速度是很难测量的。要知道，目前所有使用的技术都会在未来 5～10 年内过时。因此，你的系统架构必须具备可更新下一代组件的能力，必须有能力并入新的开源或专属软件创新，与此同时，不会对现有应用的功能和性能产生不利影响。这也是一项必备的系统需求。

各种"人工智能平台"

如前所述，推动数字化转型的主要技术包括弹性云计算、大数据、人工智能和物联网。行业分析人员预测，到 2025 年，这一软件市场的价值将会超过 2500 亿美元。根据麦肯锡公司的预测，应用这些新技术的企业每年共可创造超过 20 万亿美元的经济附加值。可以说，这是有史以来增长速度最快的企业软件市场，它意味着对传统企业应用软件市场的彻底颠覆和转型。

数字化转型需要一套新的技术栈来整合上述所有功能。这项任务之艰巨，绝非在印度班加罗尔请 3000 个程序员搞结构化编程，或是请系统集成商开发安装普通的企业应用那么简单。

但是纵观当前市场，我们看到各种开源式"人工智能平台"层出不穷，在门外汉看来这些好像都能解决企业人工智能和物联网应用的设计、开发、部署和运营问题。的确，在这个人工智能噱头满天飞的时代，市场上有数以百计的服务供应商，而且这个数字每天都在增长，所有人都号称自己是服务最全面的人工智能平台。

这样的例子有很多，包括 Cassandra、Cloudera、DataStax、Databricks、亚马逊 AWS 云物联网，以及 Hadoop 等。亚马逊 AWS 云、微软 Azure 云、IBM 云和谷歌云，这些平台都能提供弹性云计算服务。此外，它们还能提供不断创新的微服务库，可以用于数据聚合、ETL、数据流、MapReduce、连续分析处理、机器学习，以及数据可视化等。

如果访问这些公司的网站或是参加其销售演示活动，你会发现它们的做法都差不多，都号称可以提供能满足你所有人工智能应用需求的全面解决方案。

这些产品固然很实用，但实际情况是它们并不能提供开发和运营企业人工智能应用所需的全部功能。

以 Cassandra 为例，这是一个键值数据库，它是一种专用数据库，用于存储和检索遥测信号等经度数据。从这个角度来说，它的确是一款很不错的产品，但是它的功能在企业人工智能应用解决方案中所占的比例还不到百分之一。再比如，HDFS 分布式文件系统能很好地存储非结构化数据；TensorFlow 是谷歌开发的一套数学库，对开发某些类型的机器学习模型非常有帮助；Databricks 是一款数据可视化程序，能帮助数据专家和应用开发人员在计算机集群中操纵大量数据集；亚马逊 AWS 云物联网可以从机读物联网传感设备中有效搜集数据。所有这些服务都很有用，但是光有它们并不足够。对于开发部署物联网或人工智能应用来说，这些工具仅能解决整个复杂系统中的一小部分问题（见图9-2）。

图 9-2　各种"人工智能平台"

注：目前市场上充斥着数百种开源应用组件，号称可提供全面的人工智能平台。这些组件尽管相当有用，但是并不能独立构成完整的开发平台。

另一方面，这些工具是以不同的语言编写的，具有不同的计算模型和毫不兼容的数据结构，程序开发人员的经验水平、培训程度和专业程度也各不相同。他们在设计开发这些程序时，并没有想到有一天这些工具会结合在一起工作。可以说，几乎没有几个程序是按照商用开发标准进行编程的。换言之，这些程序或工具大部分并不具备商业可行性，其源代码大多来自开源社区。你可以把开源社区理解为云端的某种大超市，里面有数以百计的各种计算机源代码程序供人免费下载、随意修改和使用。

"自助式"人工智能？

就像开发关系数据库、企业资源规划系统和客户管理系统一样，很多信息技术公司在面对问题时的第一反应是使用免费的开源软件，以及亚马逊AWS云和谷歌云等云服务商提供的各种微服务，在公司内部开发通用型人工智能和物联网平台。

这一过程从各种专属系统和开源解决方案中拿取相关的系统组件开始，然后把它们拼凑到我在前面提到的平台架构中（见图9-3）。

图9-3　人工智能软件栈

注：自助式开发方式需要把几十种不同的开源组件拼接到一起，这些组件由不同的程序人员开发，具有不同的应用编程接口、不同的编码语言，以及不同的应用成熟度和支持程度。

接下来是组织成百上千来自世界各地的程序员，使用结构化编程和应用编程接口等编程技术尝试拼接上述各种不同的程序、数据源、传感设备、机器学习模型、开发工具和用户界面，将它们拼凑成一体化无缝衔接的功能性应用，帮助企业成功实现大规模人工智能和物联网应用的设计、开发、提供和部署。这项工作的难度有多大呢？可以说毫无成功的可能性。要知道，此类系统的复杂程度比开发客户关系管理系统或企业资源规划系统高出了何止两个等级。

很多公司或许做过尝试，但据我所知，至今还没有任何企业取得过成功。通用电气公司数字化部门就是一个经典案例，这家大型跨国企业耗费 8 年时间，投入 3000 名程序开发人员和 70 亿美元资金开发此类系统，结果部门倒闭、首席执行官被解雇，这家巨无霸企业最终被迫解体。

如果说哪个公司能够成功实现自行开发，我认为其由此产生的软件栈会展现出类似图 9-4 的效果。我把这种效果称为人工智能软件集群。

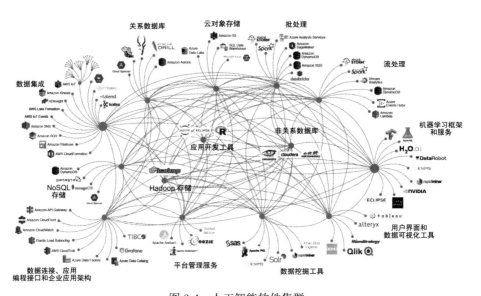

图 9-4　人工智能软件集群

注：自助式开发需要集成各种底层组件，这些组件一开始的设计开发目的并不是为了协同工作，这样就会导致相当大的开发复杂性，即使最好的开发团队也会感到困难重重。

这种开发方式存在以下几个问题：

1. 复杂性。使用结构化编程方式，创建、加固、测试和验证复杂系统所需的软件应用编程接口的连接数可达到 10^{13} 之巨（为便于直观了解，整个宇宙中的星辰数量约为 10^{21} 个）。系统开发人员既需要逐个了解，又需要从整体上掌握每一种接口的复杂性，只有这样才能保证系统的正常工作。能应对这种复杂程度的程序开发人员几乎寥寥无几。

除了平台开发人员，应用开发人员和数据专家也必须了解系统架构的复杂性，了解所有底层数据和处理流程的相互依赖性，只有这样才能开发出想要的应用。

综合上面的分析，此类开发活动的内在复杂性已经决定了自助式开发的必然失败。

2. 脆弱性。这种拼凑式应用开发高度依赖各组件之间的恰当协同。只要有一个开发人员的开源组件存在错误，所有在此平台之上开发的应用都将无法正常工作。

3. 未来兼容性。随着新的机器库、更快的数据库和新型机器学习技术的出现，企业也必须把它们整合到现有系统平台上。为实现这个目标，你需要对平台上开发的每一种应用进行重新编程。这项工作往往需要耗费数月甚至数年的时间。

4. 数据集成。集成化的面向对象公共数据模型对于此类应用领域来说是必需的。使用这种结构化程序应用编程接口驱动型架构为大型企业开发此类应用，需要数百人付出数年的努力才能开发出集成数据模型。正因为如此，很多企业往往花费了数千万甚至上亿的资金，结果五年之后仍未能实现应用部署。在《财富》500 强企业中，这样的失败案例并不在少数。用这种方式欺骗企业的系统集成商就像强盗，最后只会把客户洗劫一空。

结构化编程的缺点

结构化编程是 20 世纪 60 年代中期发展起来的一种技术，它能简化代码的开发、测试和维护。在结构化编程技术出现之前，软件编程是一项极其耗费人力和时间的工作，需要使用大量的应用编程接口和"go-to"语句。那时开发的产品动辄需要数百万行代码，其中包括数以千计的应用编程接口和 go-to 语句，开发、理解、调试和维护起来都非常困难。

结构化编程的核心理念是把代码编写工作分解成相对简单的"主程序"，然后使用应用编程接口调用可重复使用的模块化子程序。子程序可提供各种功能单一的服务，如弹道计算、快速傅里叶变换、线性回归、求均值、求和以及求中位数。目前，结构化编程依然是开发很多应用时最为先进的技术，它能极大地简化开发和维护计算机代码的流程。

尽管这项技术适用于开发很多类型的应用，但它把现代人工智能和物联网应用的开发需求变得极度复杂和规模庞大，导致出现前文中图 9-4 所示的开发缺陷。

云服务商工具

使用开源软件群进行开发的另一种方式，是利用云服务商提供的各种服务和微服务，将其组装成一体化企业人工智能平台。如图 9-5 所示，业内主要的云服务商如亚马逊 AWS 云，正在开发越来越多的实用服务和微服务。这些服务在很大程度上复制了开源软件的功能，而且还提供了不少新的独特功能。这种开发方式相对于开源开发的优势在于它的产品经过了高度专业的企业工程机构的开发、测试和质量保证。此外，这些服务的设计和开发是为了满足协同工作的特定目的，能更好地实现系统内部的组件互动。除了亚马逊之外，谷歌云、微软 Azure 云和 IBM 云也具备同样的服务优势。

第九章 新技术栈 | 173

图 9-5 云服务商工具：以亚马逊 AWS 云为例

注：像亚马逊 AWS 云、微软 Azure 云和谷歌云等公共云平台可提供越来越多的工具和微服务，但是把这些工具和服务拼接起来，开发企业级人工智能和物联网应用是一项极其复杂和代价不菲的工作。

这种开发方式的问题在于，由于这些系统缺乏下文介绍的模型驱动式架构，程序开发人员最后还是要依靠结构化编程手段对各种服务进行拼凑。图 9-6 显示的是一款相对简单的预见性维护应用的参考架构。按照 2019 年的美元购买力水平，开发部署这一应用需要 200 人的团队开发数天时间，需要的资金投入为 60 万美元。在整个应用周期内需要维护的代码量是 8.3 万行，而且此应用只能运行在亚马逊 AWS 云上。如果你想在谷歌云或是微软 Azure 云上运行，就必须付出同等的成本、时间和代码量来针对每一个平台进行系统重建。

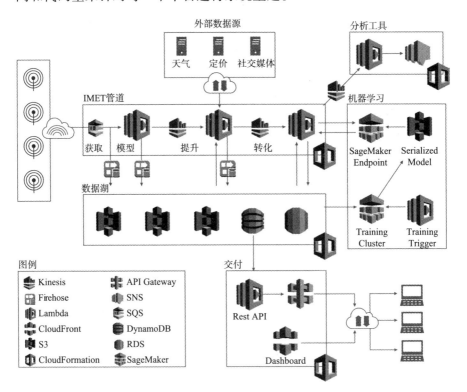

图 9-6　在亚马逊 AWS 云开发简单预见性维护应用的系统架构

注：在公共云（此处以亚马逊 AWS 云为例）上使用微服务和结构化编程方式开发简单的人工智能预见性维护应用，要比使用模型驱动式架构多付出 40 倍的工作量。

相比之下，使用下节介绍的现代模型驱动式架构，在亚马逊 AWS

云上使用同样的服务开发同样的应用，只需 5 人团队几天的时间就可以完成开发和测试，所需成本大约只有 2000 美元。这种架构仅生成 1450 行代码，极大地降低了整个应用周期的维护成本。此外，通过这种架构开发的应用无须修改就可以在其他云平台工作，无须投入额外的成本和精力针对不同云服务商对系统进行重新开发。

模型驱动式架构

模型驱动式架构最早出现于 21 世纪初，这是一种可以有效解决结构化编程难以处理高度复杂应用开发问题的解决方案。

模型驱动式架构的核心理念是"模型"，它是一种可以简化编程问题的抽象层（见图 9-7）。在使用模型时，程序或应用开发人员无须关注任何数据类型、数据关联，以及与任何给定实体相关的数据处理流程，如客户、拖拉机、医生或燃料类型。他们只需解决给定实体（如客户）的模型问题，及相关的底层数据、数据相互关系、指标、应用编程接口、关联、连接，以及与模型数据抽取相关或用于抽取数据的流程。这样就会把要素、流程，以及程序开发人员需要关注的连接数量从 10^{13} 减少到 10^3，使无法完成的任务变成可以实现的目标。

在使用模型驱动式架构时，所有对象都能以模型的方式体现，甚至包括数据库、自然语言处理引擎和图像识别系统在内的应用程序。模型还可以支持所谓的继承概念，比方说我们有一个关系数据库的模型，那么我们可以用它来合并所有关系数据库系统，如 Oracle、Postgres、Aurora、Spanner 和 SQL Server。再比如，一个键值数据库模型可能包含 Cassandra、Hbase、Cosmos DB 和 DynamoDB 等数据库。

对模型驱动式架构的使用可以提供一个抽象层和该应用程序的语

义特征。这样就能帮助程序开发人员免去对数据映射、应用编程接口语法，以及对各种计算流程运行机制的顾虑，如ETL、队列、管道管理、加密等问题。

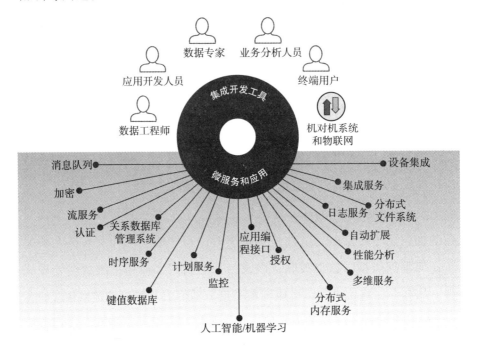

图9-7 模型驱动式人工智能架构

注：模型驱动式架构提供的抽象层可以极大地简化和加速人工智能和物联网应用的开发和部署。

通过把开发人员需要了解的实体、对象和流程的数量从 10^{13} 减少到 10^3，以及帮助开发人员不必再关注细枝末节，模型驱动式架构可显著降低人工智能应用在设计、开发、测试、部署、维护和运营方面的成本和复杂性，使其（成本和复杂性）达到传统开发方式的百分之一甚至更低的水平。

使用对象模型优化设计解决人工智能和物联网应用开发，其特点是使用抽象模型帮助程序开发人员关联相应的应用程序。比方说，关系数据库模型可关联到 Postgres，汇报编写模型可关联到 MicroStrategy，数据可视化模型可关联到 Tableau，等等。模型驱动式架构的一个强大特点在于当新的开源或专属解决方案被投入市场应用时，对象模型库可以简单快捷地把这些新的应用延伸覆盖在内。

模型驱动式架构的另一个重要特点是，系统应用对未来技术完全兼容。比方说，一开始你使用 Oracle 关系数据库开发所有应用程序，后来决定转用其他专属或开源关系数据库管理系统。这时，你只需把关系数据库管理系统的元模型的连接转向新的系统即可。更重要的是，此前你使用 Oracle 关系数据库部署的所有应用，在换用新的系统之后无须修改也能继续使用。这样一来，你就能快速简单地利用新的系统功能，对之前开发的产品进行功能改善。

平台独立性

关于企业对云计算的使用率，我在从业几十年来从未见过有如此重大的变化，这一技术的应用力度可以说是史无前例的。早在 2011 年时，世界各地的首席执行官和企业高管们对于云计算的态度是这样的："汤姆，我们公司的数据绝不允许放到公共云平台，明白了吗？"如今，他们传达的观点一样明确，只不过换成了另外一个角度："汤姆，云计算是公司的优先战略，所有新应用都必须部署到云平台，现有应用必须迁移到云平台，而且必须采用多云战略，明白了吗？"

这种 180 度的转变是怎样发生的呢？在短短几年之内全球出现如此变化，其中的原因或许我说不清楚，但毫无疑问的是它已经发生了。而且如前所述，这种变化为主要云服务商带来了显著的营收增长。还有一点也很明确，企业管理者担心会出现云服务商锁定的情况。他们希望拥有继续和对方讨价还价的能力，希望部署不同的应用到不同的云平台，希望可以在不同云服务商之间实现应用程序的自由切换（见图9-8）。

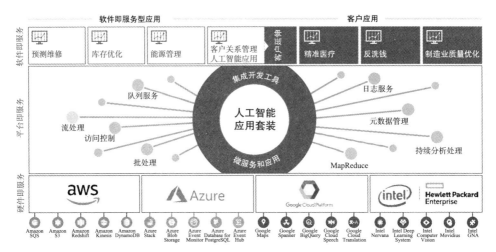

图9-8　多云部署

注：企业需要的是可在多个公共云平台部署、切换的应用，以及在私有云或数据中心防火墙内部以单租户系统运行的人工智能架构。

综上，这一点成了现代模型驱动式软件平台的一个额外需求。当企业在开发人工智能应用时，必须考虑（应用）能否不加修改地部署到任意云平台，在混合云环境中防火墙内部的单租户系统下运行。

新型人工智能技术栈的最后一个需求，我称其为"跨云支持"能力，即在多个云平台上混合和匹配各种服务，以实现轻松交换和更替服务的能力。现在的云服务商可为市场提供多种多样的服务，可以帮助企业以极低的成本即时运用几乎无限的可横向扩展的计算能力和存储能力。面对云服务商之间日益激烈的服务竞争，我认为云计算和存储的成本很快会趋向于零。

云服务商可提供的第二项重要服务是微服务的快速创新。例如，谷歌云的TensorFlow微服务可以加速机器学习能力的提升；亚马逊云的预测服务可推动时序数据深度学习能力的进步；微软 Azure 云的流分析服务可集成其物联网中心和物联网服务套装，强化对物联网传感数据的实时分析能力。这些微服务的发布速度非常快，微软、亚马逊、谷歌和 IBM 四大云平台几乎每隔几天就会推出新的实用型微服务。

我认为，跨云支持能力是新型人工智能技术栈的一项重要能力。这种能力不但实现了应用在不同云平台之间的移动，而且支持企业的人工智能和物联网应用同时在多个云平台的运行。这一点非常重要，因为随着云服务商在创新方面的不断竞争，企业可以挑选最适合自己、可为人工智能应用能力带来最大优化的微服务。当一个新的、功能更为强大的微服务出现时，你可以随时取消旧的微服务，采用新的微服务。这样可以保证系统应用在不间断运行的同时，实现了性能更好、精度更高和企业经济利益更大的目标（见图 9-9）。

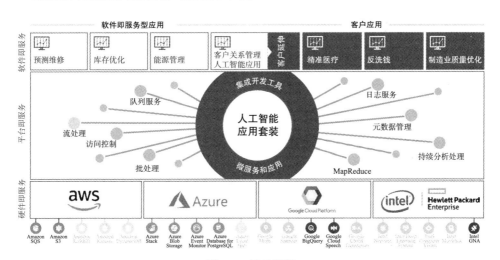

图 9-9　跨云部署

注：跨云部署能力可实现应用在多个云平台之间的移动性，同时支持人工智能和物联网应用在多个云平台上的同时运行。

DIGITAL
TRANSFORMATION

|第十章|

管理者行动方案

更大的风险、威胁和回报

先来列举一组数字：20世纪50年代标普500强企业的平均寿命是60年，到2012年变成了不到20年。[1] 2000年《财富》500强企业中有一半的公司今天已经销声匿迹。[2] 从2013到2017年，大型企业首席执行官任职年限的中位数从6年变成了5年，整整缩短了一年。[3] 收购、并购、私有化和破产使大批企业成为明日黄花。

这种趋势未来仍会加剧。新技术推动的数字化转型正在如火如荼地展开，它日益茁壮、日益成熟，而且无处不在。各行各业的数字化管理者也纷纷出现，利用人工智能和物联网等技术为业务流程带来阶跃函数型的巨大改善，把行动迟缓的对手远远抛在身后。

与此同时，资本市场也开始变得越来越活跃，对表现不佳的企业造成了巨大的压力，这些企业终将被市场无情地淘汰。目光敏锐的对冲基金和私募股权高手正在四处寻找企业漏洞，一旦发现机会，便会对企业进行收购、兼并、分拆和清算。目前，私募股权行业管理的资金高达 2.5 万亿美元，其中近 9 亿是亟待部署的"热钱"。[4] 这些资本不但会用于企业收购，同时也会用来投资高速发展的数字化公司。这样的情况在历史上曾经反复上演，资本会追捧善于利用新技术的高增长型企业，无情地利用、肢解并毁灭不愿创新的公司。显然，无法实现数字化转型的企业将会成为市场猎手的首要目标。

数字化领域的竞争威胁可能来自任何方面，有些甚至以令人意想不到的方式出现。2018 年 1 月，亚马逊、贝克希尔－哈撒韦和摩根大通公司宣布成立合资公司进军医疗行业。消息发布当天，美国十大医疗企业的市值就蒸发了 300 亿美元，有些公司的股票跌幅甚至达到了 8 个百分点。[5] 这一幕可以说相当恐怖，但是我敢说这只是一个开始。

尽管企业破产的威胁如影随形，对数字化转型的需求变得日益迫切，但是成功实现转型的企业也会得到丰厚的奖赏。无论是麦肯锡、普华永道、波士顿咨询公司还是世界经济论坛，每一项关于数字化转型潜在经济影响力的重要调研都表明，人工智能和物联网可为组织机构创造数万亿美元的经济价值。

换句话说，这是一个赢者通吃的时代。实现转型的企业将会在全新的水平开展业务，把落后的竞争对手远远抛在身后。这已经不是同一个量级的竞争，结局就像坦克对战骑兵一样残酷。

没错，数字化转型就是一场你死我活的竞争。企业首席执行官如何应对将决定着公司未来的存亡。

具有转型意识的首席执行官

如前所述，数字化转型一方面无处不在，它涉及组织机构的所有环节；另一方面又直击企业业务核心，即企业与众不同的能力和资产。出于这些原因，数字化转型要想取得成功就必须由公司首席执行官自上而下地推动，取得整个企业管理高层和各业务部门主管的全力支持和配合。

实际上，数字化转型彻底颠覆了过去数十年常见的技术采用周期。以前，新技术通常是在研究实验室研发，成功后通过注册新公司来实现商业化推广，随着时间的推移经由信息技术机构逐渐普及到整个行业。最终，经过逐渐的普及和采用，新技术引起了企业首席信息官的关注。经过数年之后（甚至更久）它们才能以一份技术简述或是等待签字批准的预算申请的形式呈现在首席执行官面前。

如今这一过程已经完全颠倒过来，企业首席执行官直接负责发起和推动数字化转型活动。这是一个很大的变化，形成了创新技术采用的全新模式。出现这种模式一方面是因为到了企业的生死存亡之际（不转型就会死），另一方面是因为挑战十分艰巨。以前的首席执行官通常并不参与信息技术决策和战略制定，现在他们却成了新技术应用的首要推动力。

在过去几十年中，我和 C3.ai 公司团队参与过多个由首席执行官领导的企业数字化转型活动。这些企业来自世界各地的不同行业领域。根据这些经验，我们开发了一套经过验证的开发方法，即首席执行官十条行动方案（见表 10-1，后文简称十条行动方案），它能有效加速数字化转型的成功。

鉴于实施新技术和管理相关业务流程的变化带来的重大挑战，数字化转型活动刚开始时会让人感到十分沮丧。很多组织机构会行动迟钝，还有些组织机构未经周翔准备就一头扎入转型项目，这些做法都很难取得成功。我们总结的首席执行官行动方案与此不同，它参考了多个组织机构以战略化、系统化方式有效推动数字化转型的做法，将其汇集成最佳实践方案，可有效指导企业走向成功。

与循序渐进的转型策略不同，你可以把方案中的十条行动方案视为推动转型活动的十大行动原则或成功要素，它们之间并无顺序上的先后关系。其中，有些行动可以同时开展，有些应按顺序执行，每一个组织机构都可以根据其具体情况做出适当调整。但是这十大行动原则都是非常重要的，它们关系到企业的领导、战略、实施、技术、变革管理和文化等各个关键领域。

表 10-1　数字化转型活动的首席执行官十条行动方案

只有面对生存威胁才能出现发展机遇
1. 组织高管团队为数字化转型提供推动力
2. 任命首席数字官，为其赋予权限和预算
3. 稳扎稳打，以尽早实现商业价值为目标
4. 制定准确的战略目标
5. 拟定数字化转型行动路线图，与利益相关方沟通
6. 慎重选择合作伙伴
7. 关注经济收益
8. 培养具有转型意义的创新文化
9. 对管理团队进行再培训
10. 对员工持续进行再培训，鼓励自我学习

1. 组织高管团队为数字化转型提供推动力

整个管理团队对数字化转型活动的全力支持无疑是绝对必需的条件和取得成功的第一前提。企业高管团队必须成为推动数字化转型活动的发动机。这么说并不是指首席执行官或首席营销官要亲自编写代码和争论新技术。对此，来自麻省理工学院斯隆商学院信息系统研究中心的研究人员斯蒂芬妮·沃纳这样写道："数字化转型的这一需求并不意味着首席执行官要亲自去搞编程，但它要求执行官和其他企业高管必须认识到数字化带来的机遇，以及如何建立不同于其他公司的数字化价值定位。"[6]

这显然是一个很大的变化，以前首席执行官们只需对技术如何应用有个初步了解即可。现在，他们必须紧跟不断变化的技术潮流，深入了解各种相关信息，确定哪种技术应用与公司业务最为吻合，哪些技术应当优先采用，哪些技术应当舍弃不用，这样才能做出正确决策。[7]由于竞争对手，特别是来自数字化领域的竞争对手往往会出其不意地发起进攻，能否做出正确决策就变得异常重要。

企业高管团队必须整合资金、资源和关系，以实现对数字化转型的全面推动。[8]要实现企业的数字化转型，高管团队必须做出承诺，确保公司上下形成统一的思想。

要实现这个目标并不容易，说服所有高管全力投入是一件很困难的工作。例如，某欧洲大型重型装备制造企业的首席执行官就遭遇过这种问题。他的数字化转型目标很明确——让企业变得行动更敏捷、观点更深刻、增长更强劲。但是这个目标并没有取得所有管理层的共识。各部门都有自己的优先目标，一开始对数字化转型的意义并不十分清楚，这就造成了相当的困惑和误解，很多人简单地认为数字化转型不过就是"采购信息技术"而已。后来，在全体高管对数字化转型取得共识并明确目标之后，首席执行官才成功争取到大家的支持。

数字化转型绝非一蹴而就的变革，它需要管理者具有远大的视野。管理者不能只盯着公司下个季度的财务指标有没有改善，还要思考更远的未来，思考如何让企业更好地适应未来变化。

此外，数字化转型还需要管理者具备一定的个性品质。他们应具备面对风险的能力，愿意表达自己的观点，具有敢于尝试新事物的思维方式。[9]他们必须勇于接受新技术，熟悉技术术语和概念。这意味着管理者必须花时间了解相关技术，了解开发团队正在做哪些工作。为推动数字化转型，企业首席执行官及其身边的高管必须具备上面所说的性格特质。

2. 任命首席数字官，为其赋予权限和预算

一方面，企业高管团队必须全力推动数字化转型活动；另一方面，企业有必要任命专门的高管——首席数字官负责数字化转型业务，为其赋予权限和预算以强化对数字化转型活动的管理。根据我们的经验，这是一种非常有效的推动方式。

首席数字官的主要任务是推广和支持数字化转型活动，具体负责制定转型战略，在组织机构内部就行动方案和成果进行全面沟通。首席数字官应具备在组织机构内部建立强大的人际关系的能力，以促进各业务部门领导对其工作流程转变。

首席数字官的任务不只是关注信息技术的实施和变革，还必须推动全方位的数字化转型活动。他们必须思考下一步的行动计划，思考企业怎样变革才能抓住新的机遇，为客户和业务创造新的价值，以及管理潜在的风险和破坏性影响。正如企业面对网络攻击威胁时首席安全官的作用很重要一样，首席数字官在企业面对数字化转型挑战时的作用也不可忽视。

首席数字官的作用固然重要，但其个人不足以推动企业变革所需的各项功能创新。最佳实践做法是在企业内部成立一个数字化转型中心之类的部门，即优胜中心。优胜中心是一个跨职能团队，由软件工程师、数据专家、产品专家和产品经理组成，以协同工作的方式开发部署人工智能和物联网应用。首席执行官和首席数字官的主要作用是组建、支持并参与优胜中心的工作。

优胜中心对于企业全方位培养数字化转型意识尤其重要。优胜中心团队成员应并肩作战，通过彼此合作以及与企业其他部门之间合作的方式推动变革。

首席数字官可推荐合适的外部合作伙伴以壮大企业的数字化转型能力。这一点对于快速启动数字化转型活动非常有帮助。

首席数字官应得到首席执行官的全力支持和明确授权，这样才能充分承担起责任，为企业制定数字化转型路线图，调动服务商参与，对项目进行监控。他们必须成为首席执行官的 24 小时合作伙伴，对数字化转型工作全面负责。

3. 稳扎稳打，以尽早实现商业价值为目标

如同集结统一内部力量一样，让数字化转型尽快实现商业价值也具有至关重要的意义。对此我有以下三条简单建议：

- 不要在统一数据格式的问题上陷入永无止境的复杂讨论。
- 在开发使用案例时把创造可观经济收益放在第一位，解决信息技术问题放在第二位。
- 为数字化转型项目设定阶段化目标，比方说，在一年时间内项目可以在哪个时间点为企业带来可实现的投资回报。

很多组织机构会在这个方面出问题，项目深陷复杂的"数据湖"无法自拔，动辄耗费数年时间和大量投资却无甚收益。这样的失败案例有很多。试图组建全方位数据湖进行系统分析判断是一种常见的错误开发方式。例如，某油气公司花费数年时间打造一体化数据湖，结果发现这只在理论上可行。美国某重型设备制造商花费两年时间请 20 位外部咨询顾问开发一体化数据模型，结果同样一无所获。

通用电气公司花费 70 多亿美元雄心勃勃地开发数字化转型软件平台——通用电气数字化部。结果项目失败导致公司一落千丈，首席执行

官黯然下台。

还有来自英国的一家大型银行，投资 3 亿多欧元请知名系统集成商为其开发定制型数字化转型平台以解决洗钱问题。经过三年的开发，项目没有取得任何进展，这家银行因为屡禁不止的洗钱活动经常受到银管局处罚，现正在接受政府严格的法规监管。

像这样试图内部开发数字化应用平台的案例还有很多，每一个都耗资不菲，结果均以失败告终。企业应当扪心自问，搞数字化开发是你的核心竞争力和强项吗？如果不是，或许你应该把它交给具有丰富经验的外部专业机构，确保它们可以在一年之内为公司带来可衡量的成果和投资回报。

实现商业价值的方法是，首先描述使用案例，然后确认经济收益，最后再关心技术问题。尽管这么做对首席信息官来说无异于异端邪说，但实用优先的开发模型更有利于企业强调对价值获取的关注。

采用阶段式开发模型（这种模型即目前软件开发行业常见的敏捷开发模型）可以帮助开发团队更快取得成果。使用这种模型开发，项目可以在较短的、以持续增量改善为目标的迭代循环中完成并交付使用。每一次循环都会带来更大的经济收益，促使开发团队关注最终开发效果和客户需求（包括内部客户和外部客户）。另一方面，对开发团队成员来说，这种开发方式可为其带来心理上的成就感，让他们感觉到自己在为企业的未来发展出力，从而为数字化转型活动注入更大的动力。

4．制定准确的战略目标

数字化转型战略应关注经济价值的创造和获取。为实现这个目标，一个可行的方法是绘制企业所在行业的整个价值链，分析这个价值链之前的每一个环节是怎样的，以及数字化转型之后这些环节将会出现怎样的变化。这个方法可以帮助你了解企业的差距在哪里。图10-1以制造业为例，对此进行了详细说明。

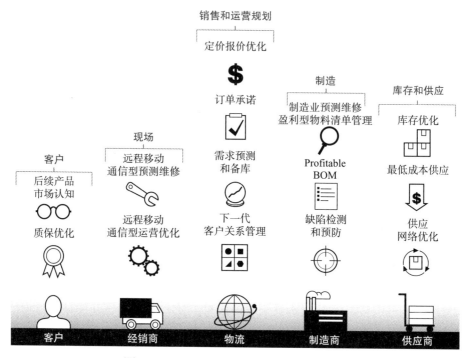

图 10-1　绘制行业价值链（以制造业为例）

注：绘制行业价值链是一项很有帮助的练习，下面我们以制造业为例进行分析，看一看现在和未来可以在哪些方面应用数字化技术。

你的价值链图表和企业战略可能一开始只强调库存优化、生产优化、人工智能预见性维护和维持客户流失率。战略目标如何排序取决于企业如何创造商业价值以及在哪些环节创造商业价值。在对目标进行排序时，你可以这样做：按照经济价值和社会价值实现速度的快慢逐个排列，把最有可能迅速实现的排在第一位，依次类推。千万不要一上来就搞"高大全"式的开发。对不同战略目标进行阶段式开发的好处是可以逐步验证企业战略是否正确，可以随时对业务流程进行微调，以增量方式用每一个可实现的阶段性目标为企业增添价值。

在开发企业战略时，管理者应关注两个关键要素，分别是设置基准和评估行业破坏力。

设置基准

和所有商业活动一样，数字化转型也要在竞争环境下才能看出实际意义。因此，你应当把自己企业的数字化能力和竞争对手以及行业最佳公司的进行对比，这样才能看清自己的位置。你所在的行业总体数字化程度如何，哪些公司是行业内的数字化先锋，你和它们有多大的差距，这些都是你在展开实际行动之前需要认真思考的重要问题。

你可以按照下面的步骤设置基准：①了解所在行业当前的数字化转型程度；②对比竞争对手了解自己的能力水平；③了解行业数字化先锋的最佳实践做法；④制定能力开发路线图。网上有很多评估企业数字化转型水平的基准程序可供参考。

准确了解企业自身的数字化能力之后，你就比较清楚未来的行业趋势变化以及如何做好应对准备了。企业必须明确找出未来十年可能威胁到公司生存的问题，并用合适的应对方式把威胁变成战略竞争优势。

评估破坏力

制定发展战略需要对企业所在行业进行评估，了解颠覆现状需要多大的破坏力。这是一项非常有挑战性的任务。它意味着你不但要了解已知竞争对手会造成哪些威胁，还必须了解未知领域中可能出现哪些威胁。实际上，近年来已经有很多案例充分证明了评估的重要性。这些威胁可能来自追求产品高质量的对手、追求低成本的新秀、行动更敏捷的数字化公司、知名度更高的企业、市场观点更深刻的企业，或是希望进军新领域的其他实体。另外，来自国外竞争对手的威胁也并不鲜见。还有，近年来关于企业声誉方面的威胁，如安全问题和公关问题，也开始变得越来越令人不可忽视。

例如 2018 年 1 月，亚马逊、摩根大通和伯克希尔 - 哈撒韦宣布进军医疗市场，这个消息对医疗行业造成了很大的影响，导致保险公司和药品零售商的股票一落千丈。[10] 还有前面提到过的奈飞对百视达公司的影响，优步和来福车对出租车行业的影响，都在此列。

贝恩咨询公司使用了一款模型来分析容易受到数字化破坏影响的行业（见图 10-2）。分析发现，可受益于实时信息系统、产品资源配置改善、标准流程智能自动化，以及客户体验改善的行业都会受到破坏性技术创新的影响。

显著降低成本 $	极大改善客户体验 ★	新的商业模式 💡
● 低产出流程 ● 未充分利用或分配不合理的资源 ● 高度标准化流程	● 对客户了解不够且学习进度缓慢 ● 客户体验和价值定位一般 ● 一般性和过度性定价	● 中间商 ● 价值链重定义 ● 数据分析平台

图 10-2　潜在数字化破坏标志

注：你所在的行业是否容易受到数字化破坏的冲击？贝恩咨询公司设计的下列模型可以从成本、客户体验和商业模式三个角度列出数字化破坏可能造成的影响。

有几个关键指标可以衡量你所在的行业是否特别容易受到影响。第一个指标是运营效率。企业目前的运营成本是否过高？是否面对提高效率的压力？如果存在这个问题，那说明可能出现新的市场竞争者，他们能以较低的利润水平和更高的效率经营企业。

第二个指标是市场准入壁垒。在你所在的行业，政策规定或资本要求是不是大型公司取得成功的唯一原因？如果是，那说明新的公司有可能绕过这些壁垒对市场现状造成颠覆性破坏。例如爱彼迎公司，它就是通过避开现有规定，颠覆了酒店行业的现状。

最后还要考虑你所在的行业对固定资产的依存度有多高。在数字化转型时代，对固定资产的高依存度可能成为企业的软肋而不是阻挡竞争对手进入市场的优势。例如，随着越来越多的顾客转而采用数字化银行服务，各大银行必须重新评估对实体分行的投资活动。和建立分行相比，目前投资开发人工智能型业务流程有可能收获更大的投资回报。

反之，企业拥有专属技术系统、较高的运营效率，以及对分销渠道的控制，这些指标表明你所在的市场在短期之内不容易受到破坏性技术创新的冲击。

了解企业和所在行业是否容易受到破坏性创新的影响，可以帮助管理者更好地做出重要的战略选择。从现在开始，你可以对破坏性创新的现状进行控制了。[11]

5. 拟定数字化转型行动路线图，与利益相关方沟通

至此，你已经成功征得了整个高管团队的加入和支持；调查了企业所在行业的现状，认真分析了公司的数字化能力，和竞争对手进行了对比，同时了解了数字化先锋企业的经验教训。接下来，你可以拟定企业的行动路线图，然后和所有利益相关方进行沟通了。

波士顿咨询公司认为："这一过程涉及对一系列机会的开发，以发现并优先改善那些可在数字化转型中获得最大收益的功能或部门。此外，企业还必须找出并消除那些阻碍转型活动的不利因素。在设计阶段，企业应明确转型目标并对其进行沟通与传达，这样才能获得实现变革所需的支持。另外，企业还必须投资开发可实现数据分析工业化的系

统，使分析成为公司日常经营的一项资源。"[12]

首先，你必须明确企业数字化业务的未来愿景。实现数字化转型之后，你未来的组织结构、人力和管理、产品与服务、公司文化和技术采用的理想情况是怎样的？用这个理想目标和企业当前状况进行对比，找出其中的所有差距。然后为你的转型活动设定明确的时间表，这个时间表可以激进一些，但不要太过激进，以免不切实际。

深思熟虑的数字化转型路线图应包括具体的行动方案和任务完成时间点，这样才能推动高级人工智能应用的顺利开发和实施。其开发实施过程取决于企业的具体目标和实际情况，根据我们的经验，一个小型开发团队每六个月就可以完成两款大型人工智能应用的开发。图 10-3 以某大型跨国企业为例，向我们展示了其数字化转型的路线图设计。

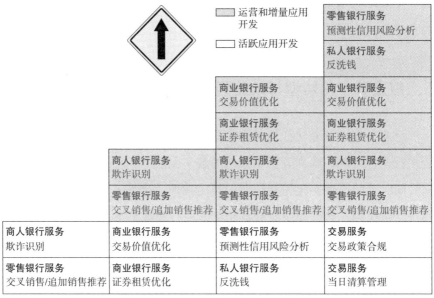

图 10-3　数字化转型路线图

注：本案例是某金融服务机构的数字化转型路线图，它能为指导和衡量转型活动提供可行的计划方案。

你设计的路线图应当在整个数字化转型过程中发挥以下几个作用：首先，路线图必须是具体可行的方案，可以用来衡量企业在转型过程中取得的进步。其次，尽管其中的具体行动可以更改，但路线图对于企业转型活动仍具有非常重要的指导作用。它能帮助企业的转型活动走上正轨，尽早尽快地释放和衡量由此产生的商业价值。最后，路线图可成为统一整个组织机构力量的行动方案。记住，你必须为每一个项目设定预期的年度经济收益，努力确保每一个项目都达到预计目标。如果预计收益无法量化，那你计划开发的项目将毫无意义。

统一组织机构的内部力量十分关键。作为企业管理者，你必须和利益相关方进行有效沟通，在组织机构内部宣传你的发展愿景，改变企业及其文化和思维方式。这不但需要高管团队，还需要所有产品线和相关方对发展目标的认同。对此，麦肯锡咨询公司高级合伙人雅克·布金这样写道：

> 众所周知，数字化转型活动需要企业首席执行官的大力支持。但是这种自上而下的支持并不局限于高管层。企业首先应设置首席数字官全面负责数字化转型工作。但是要想真正改变企业文化，这需要上至管理层下至一线员工对数字化创新流程的协力支持，动员整个组织机构的每一份子为实现数字化做出贡献。换句话说，企业管理者必须转变思维方式，把自己的角色定位从上层决策者变成为全体队员呐喊加油的教练。[13]

关于如何改变和培养创新文化，我会在本章结尾进一步说明。

6. 慎重选择合作伙伴

要想实现数字化转型目标，选择合适的合作伙伴也非常重要。企业的首席数字官和首席执行官在选择各领域的合作伙伴时都必须慎重，包括软件合作方、云合作方，以及其他合作关系和同盟关系。在数字化转型时代，合作伙伴比以往任何时候都具有更为重要的作用。在推动人工智能转型方面，合作伙伴可以在战略、技术、服务和变革管理四个方面为企业创造重大价值。

战略

管理咨询伙伴可以丰富你的人工智能发展战略。它们可以帮你绘制价值链图表，发现战略机遇和威胁，找出可以帮助企业创造经济价值的关键人工智能应用和服务。它们还可以帮助你针对数字化转型活动优化企业组织结构，包括设计人工智能优胜中心和数字化优胜中心，协助开发相应的流程和业务激励方案。

技术

软件合作伙伴可以提供推动数字化转型活动所需的技术栈。对于这个问题，我的建议是不要采用开源 Hadoop 架构和大型云服务商提供的低级服务，尽量采用咨询公司提供的数据湖开发方式。

它们（开源架构和云服务商）提供的解决方案一开始看起来很容易管理。但是随着转型规模的扩大，系统的复杂程度会出现指数级增长。每一个具体的人工智能应用或服务都会被拼凑在一起，组成大量低级系统组件，导致软件工程师每天忙于低水平的编程工作，无暇解决真正的业务问题。同时，企业的技术灵活性也会受到严重影响。

对此，我的建议是选择能够提供一整套高级服务的技术服务商以获得拥有大数据处理能力的高级人工智能应用程序。在评估软件合作伙伴时，企业应关注对方有没有进行大规模人工智能应用开发的成功经验。

服务

专业服务合作伙伴可以帮助企业开发高级人工智能应用，以及增加开发力量。如果你的企业没有开发人才（或是不愿招募这些资源），他们可以提供开发团队、数据集成专家和数据工程师。在寻找服务合作伙伴时，我的建议是找那些使用过敏捷开发模型的服务商。他们不用几年的时间，几个月就可以完成高价值应用的开发。通过组织良好的培训活动，这样的合作伙伴可以把解决方案和技术知识有效地传递给企业内部团队。

变革管理

企业一旦完成人工智能应用和服务的开发之后，如何获取经济价值就会成为所有业务转型和流程变革都必须面对的下一个目标。为此，你必须把人工智能应用和软件解决方案开发集成到企业的业务流程中去。

这一步需要了解人类和机器如何协同工作，如机器如何生成系统建议和辅助人类做出决策。人类必须对人工智能系统的判断做出反馈，以帮助机器学习和进化。

通常情况下，人类并不信任机器算法得出的结论或做出的推荐。企业应确保机器判断能得到员工的公正反馈，最大程度上帮助系统进行学习。

为获取经济价值，人类团队的激励方式和组织结构可能出现变化。在某些情况下，组织问题会变得极其复杂。例如，在面对那些经过传统方式培训，按合同约定给予奖励，且长期以相同方式工作的大量劳动者时。

为此，必须对未来的员工进行二次培训，雇用合同必须重新编写，企业必须招聘新的管理者，薪酬和激励体系必须重新设计。组织机构需要采用新的架构，招募、培训和管理活动必须重新进行检视。换言之，未来时代工作的本质将会发生根本改变，除非企业员工的培训、激励和组织方式也出现了有利于新技术应用的改变，否则企业很难实现经济效益和社会效益。这一点是整个转型过程中很难的一个环节，处理好了，企业才能创造出重大价值。

7. 关注经济收益

国际电话电报公司传奇首席执行官哈罗德·杰宁说过"管理层的工作是管理"；彼得·德鲁克说过"如果目标重要，我们就加以衡量"；安迪·格鲁夫说过"只有偏执狂才能生存"。

不管你多想把数字化转型工作整个外包出去，记住千万不要这样做，因为这是企业管理者的工作。在数字化转型问题上，我建议企业管理者密切关注其经济效益和社会效益，为你的顾客、股东和整个社会创造价值。如果你和团队找不到可在一年内带来重大经济回报的数字化转型项目，那就继续找。如果你的解决方案无法在一年内交付使用，那就不要启动。当今时代的市场瞬息万变，企业的短期需求往往转瞬即逝。

在准备数字化转型的过程中，你会听到很多不靠谱的数字化项目建议，其中一些项目极其复杂，让人根本不知所云。对此最简单直接的经验是，如果某个项目听上去不靠谱，那是因为它真的不靠谱。如果某个项目让人难以理解，那它基本上不可能实现。简而言之，只要你觉得听不懂或无法理解的，千万不要去做。

在过去十年中，我曾积极参与过《财富》100强企业中不少公司的数字化转型项目评估和选择活动，跟企业的首席执行官和管理团队进行过深入的交流。通常在客户提出的 10 个项目中，大约有 7 个会被我们告知不可行。我们之所以这么做，是因为这些项目多半会失败，有些甚至肯定会失败。这个过程中最重要的决策是弄清楚哪些项目必须舍弃。

这是一项团队工作，你应当和整个管理层、业务主管和合作伙伴共同探讨。只有经过激烈的观点碰撞，在会议室白板上列出足够多的目标，最终才会有一个可实现的项目脱颖而出。这个项目可以在六个月到一年内完成开发，为企业带来明确且可观的经济效益，而且一旦完成，就有机会在整个企业范围内大规模部署应用。一旦找到符合上述要求的项目，马上展开行动。当成功创造出新的经济价值时，恭喜你，你的数字化转型开始进入正轨了。

找到一个或几个值得开发的项目之后，你应当使用专业机构提供的软件技术，亲自推动项目开发，每周了解开发进度，设定明确且客观量化的任务完成时间点，强制团队按照预定目标完成任务。如果错过时间点，你必须制定补救方案来挽回损失的时间。此外，你应当每天和开发团队进行沟通，亲自感受开发的进度或落后情况，而不是坐在老板椅上阅读项目管理周报。最重要的是，管理者必须要有危机意识，要有做不到上述要求项目就会失败的心理准备。

8. 培养具有转型意义的创新文化

企业首席执行官或许对组织机构转型有着明确的目标和愿景，高级管理层、中级管理层和普通员工也必须充分理解这一愿景并齐心协力才能推动转型的成功。2018 年，弗雷斯特咨询公司（Forrester Consulting）就数字化转型对行业意见领袖所做的调查表明，近一半的底层决策者很难达到数字化转型的目标要求。[14] 这充分说明好的计划要走出高级管理层并不容易。如果无法让企业全员意识到组织文化转型的重要意义，高级管理层的美好愿望只会化为泡影。

为有效推动数字化转型活动，首席执行官必须了解数字化转型时代和破坏性创新到底是怎样的，了解数字化产品究竟有多大的威力。为此，在搜集信息以及向企业同仁描绘数字化未来的过程中，首席执行官应组织企业各级管理者实地参观破坏性创新的应用源头。2017年2月，麦肯锡咨询公司在一篇文章中指出："企业必须积极了解激进创新活动，为公司找到新的、更为重大的和可持续的收入来源。"[15] 利用激进创新手段推动收入增长，有什么方式会比参观破坏性创新技术应用源头更具启发意义呢？

在C3.ai公司，我亲自接待过很多企业的高管和来自世界各地的政府代表，他们非常想了解硅谷敏捷灵活的企业文化。通常这些访客会花一周时间和旧金山湾区各行业负责人，以及一些小型企业就成功的案例应用进行交流。

在这里，你可以参观了解优步、爱彼迎、亚马逊、苹果、特斯拉和奈飞的成功案例。这些公司无一例外地取代了传统企业，对整个行业造成破坏，并建立起新的商业模式。他们全然不同于以前的业务经营方式，提供了全新的模式和全新的服务方式。通过参观访问活动，企业高管和政府代表可以直观地了解破坏性组织机构究竟是怎样运作的，怎样推动破坏性创新活动，以及怎样才能在自己的公司仿效这些行动。

最重要的是，企业管理者可以在这里了解到创新文化的真正含义。创新文化绝不是表面现象那么简单，比方说在办公室里搞什么懒人沙发、寿司午餐和每日按摩。它关乎的是如何培养核心价值文化，这种文化重视并奖励内部协作、努力工作和持续学习等成功要素。

例如，来参观我们 C3.ai 公司硅谷总部的企业高管，经常会提到我们团队展现出的干劲和专注力。我们的员工在开放式环境办公，经常会自发组成小团队共同解决问题。我们的餐厅墙上贴有公司的核心价值标语，即创新、好奇感、正直和集体智慧，这些也是参观者经常询问的内容。还有我们的"名人墙"，上面展示了员工在工作之余参与自学培训活动所取得的奖状和证书。公司对这些员工直接发放现金作为奖励，可以有效强化企业的学习文化。

和几十年前相比，如今企业吸引和留住人才的方式，以及激励和组织员工的方式已经出现了根本性变化。对于婴儿潮那一代员工，我们主要用薪酬方案激励个人发展。但是现在企业的员工构成十分复杂，既有五六十岁的婴儿潮世代，又有八零九零后的成熟世代和零零后等新世代，如何有效激励全体员工就成了一个棘手问题。如今的工作者有着不同的价值体系、迥异的工作动力和技能水平。管理者必须清楚怎样调和不同的工作态度、目标和激励手段，才能使整个团队在共同使命和目标的感召下变得更有凝聚力、更专注和更高效。

越来越多的案例研究表明，能够成功创新的企业都具备某些共同特质，其中包括接受风险、项目管理灵活、支持员工赋权和培训、协作文化、破除部门壁垒，以及高效的决策结构。麻省理工学院斯隆商学院 2016 年在一份关于数字化转型的研究中称："对于希望实现数字化转型的企业来说，培养高效的数字文化可以说是帮助企业走向成功的'撒手锏'。我们发现，敢于冒险、管理结构、工作方式、行动敏捷性和决策方式等，绝不是推动企业数字化转型的全部要素，而是企业在数字化时代展开竞争必不可少的特质。"[16]

简而言之，没有鼓励创新和冒险的企业文化，构思再好的数字化转型战略也无法成功。

9. 对管理团队进行再培训

对于数字化转型，我们必须要面对的事实是，你的企业并不具备成功实现转型所需的全部技能。你不可能请咨询公司转变整个企业的数字化文化，也不可能开一张 1 亿或 5 亿的支票让系统集成商解决公司的所有问题。你必须让管理团队和所有员工掌握新的技能和思考方式，只有这样才能成功实现数字化转型。项目成功实施之后，你和团队必须以传帮带的方式（从外部开发团队）学会如何自主管理。

为此我准备了一份管理者阅读清单，建议首席执行官和高管团队认真阅读，以了解数字化转型市场的历史发展背景、当今时代的技术变革方式、人工智能和物联网技术的底层理论，以及如何成功应用这些技术。

- 《信息简史》(*The Information: A History, a Theory, a Flood*)，作者詹姆斯·格雷克。这本书以当今信息技术创新为历史背景，回顾了信息理论的起源和发展。
- 《创新者们：掀起数位革命的天才、怪杰和骇客》(*The Innovators: How a Group of Hackers, Geniuses, and Geeks Created the Digital Revolution*)，作者华特·艾萨克森。艾萨克森对信息技术历史的介绍，从 19 世纪亚达·拉夫雷斯和查尔斯·巴贝杰一直谈到苹果手机和互联网时代，说明了数字化转型作为一种自然演变过程是如何在过去 70 年中逐渐加速的。
- 《终极算法：机器学习和人工智能如何重塑世界》(*The Master Algorithm: How the Quest for the Ultimate Learning Machine Will Remake Our World*)，作者佩德罗·多明戈斯。希望深入

了解人工智能技术的管理者可以阅读这本书。多明戈斯在书中以高中和大学时代的统计学、数学和逻辑学为背景，介绍了人工智能技术的底层理论的演变和发展前景，是一本很有启发性的作品。

- 《大数据时代：生活、工作与思维的大变革》(*Big Data: A Revolution That Will Transform How We Live, Work, and Think*)，作者迈尔·舍恩伯格和肯尼斯·库克耶。本书对大数据存在的一些误解做出了非常实用的探讨，能帮助管理者有效甄别关于大数据技术的不切实际的夸大宣传。
- 《AI极简经济学》(*Prediction Machines: The Simple Economics of Artificial Intelligence*)，作者阿贾伊·阿格拉沃尔、乔舒亚·甘斯和阿维·戈德法布。本书对人工智能技术进行了深入浅出的介绍，同时分析了这项技术可以解决的实际问题。
- 《第二次机器革命：数字化技术将如何改变我们的经济与社会》(*The Second Machine Age: Work, Progress, and Prosperity in a Time of Brilliant Technologies*)，作者埃里克·布莱恩约弗森和安德鲁·麦卡菲。这是一本富有前瞻性的作品，能够解决很多问题，富有启发意义。

这份书单看起来有点吓人，但它们都是相关领域不可多得的好作品。既然想要投身数字化转型，管理者就必须投入时间和精力了解这些领域的知识。这个过程既不神秘也不复杂，管理者只有掌握这些内容才能更好地参与其中，更好地管理流程、做出决策和领导变革管理。毫不夸张地说，你在市场上了解到的关于人工智能和数字化转型的绝大多数观点，不过是自诩为专家的噱头，他们根本没有多少实际项目经验。面对市场中的不同声音，管理者应学会如何辨别良莠。我建议管理者在日常工作中随时携带并阅读这些作品，同时鼓励其他管理者和企业员工也这样做。

10. 对员工持续进行再培训，鼓励自我学习

另外一个需要面对的事实是，你的技术人员和管理人员目前并不具备成功实现转型所需的技能。光靠咨询公司为他们提供建议远远不够，全面招募有资格的团队也不现实，因此我们只能对他们进行培训。

在 C3.ai 公司，我们招募了全球技术水平最高的一部分数据专家和软件工程师。在过去一年中，有 26 000 人竞争我们公司的 100 个数据专家和软件工程师岗位，我们面试了 1700 人并从中招聘了 120 人。也就是说，我们平均面试 100 多人，才最终确定一位数据专家。我们的候选人大多是来自世界名牌高校的博士学位获得者，很多人拥有 5 到 10 年的相关工作经验。从这个意义上说，我们拥有非常出色的技术团队。

然而即便如此，我们发现自己仍不具备应对技术高速变化所需的足够技能。数据科学领域目前正处在胚胎发展阶段，其原始细胞可能已经分裂了八次之多。所有与其相关领域的创新速度，如云计算、深度学习、神经网络、机器学习、自然语言处理、数据可视化、人工智能伦理和其他相关领域都在高速发展演变。

为帮助员工跟上快速变化的技术前沿，我们制定了一项计划来鼓励他们持续学习和改善技能水平。我建议各位企业管理者也可以采用类似的计划。

如今，像 Coursera 这样的网络学习平台提供的教育资源正变得越来越丰富。麻省理工、斯坦福、卡内基-梅隆和哈佛等大学都推出了

网络课程，企业员工可以随时随地获取这些资源并进行学习。这可是 21 世纪持续教育开发领域的重要资源，错过它们就错过了绝佳的学习机会。

在 C3.ai 公司，对于成功完成数字化转型所需技能相关课程的员工，我们既给予表彰又提供现金奖励。

对于企业员工的技能提高，这是一个行之有效的成功做法。在我们公司，从前台到首席数据专家都在积极学习网络课程。成功结业的员工不但能获得首席执行官签名的表扬信，还能在总部自学名人墙上崭露头角，同时获得 1000～1500 美元的现金奖励。[17]

相关网络课程如下：

- 深度学习：https://www.coursera.org/specializations/deep-learning
- 机器学习：https://www.coursera.org/learn/machine-learning
- JavaScript、HTML 和 CSS 编程基础：https://www.coursera.org/learn/duke-programming-web
- 文本挖掘和分析：https://www.coursera.org/learn/text-mining
- 安全软件设计：https://www.coursera.org/specializations/secure-software-design
- 网络安全入门：https://www.coursera.org/specializations/intro-cyber-security
- Python 开发：https://www.coursera.org/specializations/python
- 谷歌 Kubernetes 引擎：https://www.coursera.org/learn/google-kubernetes-engine
- 云计算应用，第一部分——云系统与架构：https://www.coursera.org/learn/cloud-applications-part1

- 商业和金融模型专业课程：https://www.coursera.org/specializations/wharton-business-financial-modeling
- TensorFlow：https://www.coursera.org/specializations/machine-learning-tensorflow-gcp
- 高级机器学习专业课程：https://www.coursera.org/specializations/aml
- 云计算：https://www.coursera.org/specializations/cloud-computing
- 物联网和亚马逊 AWS 云：https://www.coursera.org/specializations/internet-of-things
- Scala 功能性编程原理：https://www.coursera.org/learn/progfun1

或许你希望针对公司需求定制相关的课程，我在这里只是列举一些课程供管理者参考。我们强烈建议企业借力网络课程，因为它能带来巨大的回报。需要注意的是，在企业内部推行自学计划时，管理者不要让人力资源部门代行其责。作为企业首席执行官，你必须亲自参与学习活动，以身作则，鼓励大家效仿，直至持续学习变成企业文化的核心。

数字化转型之路

我希望这本书能帮助各位读者直观地了解以云计算、大数据、人工智能和物联网技术为基础的企业数字化转型。我在书中介绍了这些技术的演变过程，以及它们在 21 世纪初的聚合为商业领域带来的当前阶段的（企业）大灭绝和大繁荣现象。

按照进化生物学观点，这些技术聚合催生的新环境一方面对传统组织机构造成了生存威胁，另一方面也为善于利用新资源的企业创造了大量发展机会。显然，意识到这一重大机会并且愿意做出转变的组织机构将会更好地适应未来的变化，创造出更大的经济价值。反之，那些拒绝做出改变的企业将会面临崎岖坎坷的荆棘之路。

人工智能和物联网技术推动的数字化转型的确充满挑战，但它也能为企业创造巨大的经济价值和竞争效益。

未来二十年，我们将看到比过去半个世纪多得多的信息技术创新。人工智能和物联网技术的交叉将会改变未来的一切。这意味着所有的企业应用和消费者软件市场将会被全面取代，新的业务模式将应运而生。今天难以想象的产品和服务会在未来纷纷出现，市场中到处都是新的发展机遇。遗憾的是，绝大多数数字化转型失败的企业和机构将会成为历史上的昙花一现。

致　　谢

本书是我和数百位同事、客户、研究者和朋友历经十年的合作、探讨和争论的成果。

最初是在 2010 年，我在纽约、上海、罗马和巴黎的董事会议室里经常听到数字化转型这一表述。在 2011 年和 2012 年之后，数字化转型日益成为参观 C3.ai 公司硅谷总部的企业首席执行官及其高管团队挂在口头的战略化需求。

这让我感到十分好奇。数字化转型？针对什么的转型？难道是模拟转型吗？这到底是什么意思？

显然，随着这一表述被越传越广和重要性的日益增长，我逐渐意识到这是一个相当重要的概念。但问题是，很多人并没有对它形成统一的认识，即便在探寻其实际内涵的过程中，我发现大众的观点也并不一致，而且缺少实质性内容。

经过十年来数百次甚至上千次的讨论，本书试图提炼出我从企业、政府和学术界总结的观点，即推动数字化转型的核心推动力，以及在信息技术行业过去 50 年发展的背景下，它（数字化转型）会带来哪些社会和经济方面的影响。

由于从事咨询工作，我有机会和 21 世纪很多优秀的企业和政府管理者进行接触和学习，这些管理者在大规模推动创新方面做出了积极的尝试，其中包括意大利国家电力公司的雅克·阿塔丽、弗朗西斯科·斯塔莱斯、里维奥·加罗和法比奥·委罗内塞，法能能源公司的伊莎贝拉·高珊和伊夫斯·勒格朗，荷兰皇家壳牌公司的杰伊·科罗茨和乔安·克莱伯，3M公司的麦克·罗曼和荣·林德库吉，卡特彼勒的布兰顿·胡特曼和朱莉·拉加西，约翰迪尔的约翰·梅伊，美洲银行的汤姆·蒙太格，纽约电力局的基尼奥内斯，联合爱迪生公司的曼尼·坎瑟尔，贝克休斯公司的洛伦佐·西莫尼利，阿斯利康制药公司的马克·克莱尔和大卫·斯默利，西门子公司的吉姆·斯纳贝，蒂森克虏伯公司的海因里希·海辛格，美国空军部长希瑟·威尔逊和助理部长威尔·罗佩，陆军部次长莱安·麦卡锡，国防创新部的麦克·考尔和麦克·布朗，美国陆军未来司令部的约翰·穆雷将军，防务安全服务部的马克·涅莫尔，美国陆军物资司令部的古斯塔夫·佩纳将军，以及伊利诺伊商务协会主席布莱恩·希安。

　　本书的编写得到了很多人的无私帮助。帕特·豪斯曾和我共同成立过两家硅谷软件公司，他对编写工作的组织发挥了重要的推动作用。埃里克·马蒂是本书责任编辑，为我提供了宝贵的编辑意见。还有很多同事为本书的写作提供了重要帮助，其中包括艾德·阿波、胡曼·贝扎迪、阿迪·巴什亚姆、罗比·詹克斯、大卫·卡瓦里、尼基尔·克里斯南、萨拉·曼瑟、尼克拉·欧达洛夫、卡尔顿·里夫斯、乌玛·桑迪丽雅、拉沃尔·文卡特拉杰、梅瑞尔·维特文、丹尼尔·杨史密斯、丽拉·弗里德雷、艾瑞卡·施罗德、亚德里安·拉米和艾米·欧文。

　　本书的完成离不开学术界的慷慨支持和活跃参与，其中包括斯坦福大学的康多莉扎·赖斯，加州伯克利大学的尚卡尔·萨斯特里，伊利诺伊大学厄巴纳–香槟校区的安德列亚斯·坎格拉利斯和比尔·桑德斯，普林斯顿大学的文斯·普尔和艾米丽·卡特，麻省理工学院的阿南沙·钱德拉卡杉和伊恩·怀兹，巴黎综合理工大学的雅克·布瓦特，芝加哥大学的迈克尔·富兰克林，卡内基-梅隆大学的齐科·科特勒，华盛顿大学的佩德罗·多明戈斯，以及都灵理工大学的马科·吉里。

再次感谢各位！

作者介绍

托马斯·西贝尔是 C3.ai 公司的创始人、总裁兼首席执行官，该公司是一家业内领先的企业人工智能软件服务商。西贝尔在信息技术领域从业四十多年，长期工作在重要创新领域的技术一线，其中包括关系数据库、企业应用软件、互联网计算，以及人工智能和物联网。

20 世纪 80 年代初，西贝尔在甲骨文公司工作。1993 年，他成立了西贝尔系统公司并担任总裁兼首席执行官，负责客户关系管理软件的开发。西贝尔系统公司很快成为全球领先的企业软件开发商之一，公司拥有 8000 多名员工，4500 多家企业客户，年收入超过 20 亿美元。2006 年 1 月，西贝尔系统公司与甲骨文公司合并。

西贝尔夫妇基金会资助的项目用于支持能源解决方案、教育科研计划、公共卫生，以及无家可归者和弱势群体。基金会支持的项目包括西贝尔学者基金（为计算机科学、工程学和商科研究生提供奖学金），西贝尔能源研究院（资助能源解决方案领域的科研活动），西贝尔干细胞研究院（资助再生医学领域的科研活动），以及其他各种慈善活动。

西贝尔此前著有三本图书，分别是《虚拟销售》（*Virtual Selling*，弗雷出版社，1996 年）、《网络规则》（*Cyber Rules*，双日出版社，1999 年）和《如何开展电子商务》（*Taking Care of eBusiness*，双日出版社，2001 年）。

1999 至 2001 年，西贝尔连续三年被《商业周刊》选入全球商业经理人 25 强；2003、2017 和 2018 年荣获安永年度企业家奖；2018 年荣获 Glassdoor 顶级首席执行官奖。

西贝尔毕业于伊利诺伊大学厄巴纳-香槟校区，先后获得历史学学士学位，工商管理硕士学位和计算机专业硕士学位。他曾担任普林斯顿大学校董，伊利诺伊大学工学院和加州伯克利大学工学院顾问会成员，2013 年被选为美国人文与科学院院士。

资料来源

图片资料来源

图1-2 *Cosmos Magazine*, "The Big Five Mass Extinctions," (n.d.): https://cosmosmagazine.com/palaeontology/big-five-extinctions

图2-1 World Economic Forum, "Societal Implications: Can Digital Create Value for Industry and Society?" June 2016; PwC, "Sizing the Prize," 2017; McKinsey, "Notes from the AI Frontier: Modeling the Impact of AI on the World Economy," September 2018; McKinsey, "Unlocking the Potential of the Internet of Things," June 2015; *Forbes*, "Gartner Estimates AI Business Value to Reach Nearly $4 Trillion by 2022," April 25, 2018

图3-4 Cisco, "Cisco Visual Networking Index, 2018"

图6-3 AIIndex.org, "2017 AI Index Report"

图7-3 IHS Markit, "IoT platforms: Enabling the Internet of Things," March 2016

图7-4 McKinsey, "Unlocking the Potential of the Internet of Things," June 2015

图7-5 Boston Consulting Group, "Winning in IoT: It's All About the Business Processes," January 5, 2017

图7-6 *The Economist*, March 10, 2016

图9-5 Amazon Web Services

图10-2 Bain, "Predator or Prey: Disruption in the Era of Advanced Analytics," November 8, 2017

序言

1. Tom Forester, *The Microelectronics Revolution: The Complete Guide to the New Technology and Its Impact on Society* (Cambridge: MIT Press, 1981).
2. Daniel Bell, *The Coming of Post-industrial Society* (New York: Basic Books, 1973).
3. Malcolm Waters, *Daniel Bell* (New York: Routledge, 1996), 15.

4 Ibid.
5 Forester, *Microelectronics Revolution*, 500.
6 Bell, *Coming of Post-industrial Society*, 126.
7 Ibid., 358–59.
8 Ibid., 126–27.
9 Waters, *Daniel Bell*, 109.
10 Bell, *Coming of Post-industrial Society*, 359.
11 Ibid., 127.
12 Ibid.
13 Waters, *Daniel Bell*.
14 Bell, *Coming of Post-industrial Society*, 359.
15 A. S. Duff, "Daniel Bell's Theory of the Information Society," *Journal of Information Science* 24, no. 6 (1998): 379.
16 Ibid., 383.
17 Forester, *Microelectronics Revolution*, 505.
18 Ibid., 507.
19 Ibid., 513.
20 Ibid., 513–14.
21 Ibid., 521.
22 "Gartner Says Global IT Spending to Grow 3.2 Percent in 2019," Gartner, October 17, 2018, https://www.gartner.com/en/newsroom/press-releases/2018-10-17-gartner-says-global-it-spending-to-grow-3-2-percent-in-2019
23 Larry Dignan, "Global IT, Telecom Spending to Hit $4 Trillion, but Economic Concerns Loom," ZDnet, June 21, 2018, https://www.zdnet.com/article/global-it-telecom-spending-to-hit-4-trillion-but-economic-concerns-loom/

第一章

1 This alludes to a quote frequently attributed to Mark Twain, but there is no record that he actually said it. See: https://quoteinvestigator.com/2014/01/12/history-rhymes/
2 Charles Darwin, *On the Origin of Species by Means of Natural Selection, or Preservation of Favoured Races in the Struggle for Life* (London: John Murray, 1859).
3 *Dinosaurs in Our Backyard*, Smithsonian Museum of Natural History, Washington, DC.
4 Jeffrey Bennet and Seth Shostak, *Life in the Universe*, 2nd ed. (San Francisco: Pearson Education, 2007).
5 Stephen Jay Gould, *Punctuated Equilibrium* (Cambridge: Harvard University Press, 2007).
6 Stephen Jay Gould and Niles Eldredge, "Punctuated Equilibrium Comes of Age," *Nature* 366 (November 18, 1993): 223–27.

7 NASA, "The Great Dying," Science Mission Directorate, January 28, 2002, https://science.nasa.gov/science-news/science-at-nasa/2002/28jan_extinction
8 Yuval N. Harari, *Sapiens: A Brief History of Humankind* (New York: Harper, 2015).
9 Lynn Margulis and Dorion Sagan, "The Oxygen Holocaust," in *Microcosmos: Four Billion Years of Microbial Evolution* (California: University of California Press, 1986), 99.
10 Bennet and Shostak, *Life in the Universe*.
11 Phil Plait, "Poisoned Planet," *Slate*, July 28, 2014, https://slate.com/technology/2014/07/the-great-oxygenation-event-the-earths-first-mass-extinction.html
12 "50 Years of Moore's Law," Intel, n.d., https://www.intel.sg/content/www/xa/en/silicon-innovations/moores-law-technology.html
13 Harari, *Sapiens*.
14 "Timeline," Telecommunications History Group, 2017, http://www.telcomhistory.org/timeline.shtml
15 "Smartphone Users Worldwide from 2014–2020," Statista, 2017, https://www.statista.com/statistics/330695/number-of-smartphone-users-worldwide/
16 Benjamin Hale, "The History of the Hollywood Movie Industry," History Cooperative, 2014, http://historycooperative.org/the-history-of-the-hollywood-movie-industry/
17 *America on the Move*, National Museum of American History, Washington, DC.

第二章

1 Tanguy Catlin et al., "A Roadmap for a Digital Transformation," McKinsey, March 2017, https://www.mckinsey.com/industries/financial-services/our-insights/a-roadmap-for-a-digital-transformation
2 "Overview," DigitalBCG, n.d., https://www.bcg.com/en-us/digital-bcg/overview.aspx
3 Brian Solis, "The Six Stages of Digital Transformation Maturity," Altimeter Group and Cognizant, 2016, https://www.cognizant.com/whitepapers/the-six-stages-of-digital-transformation-maturity.pdf
4 Frederick Harris et al., "Impact of Computing on the World Economy: A Position Paper," University of Nevada, Reno, 2008, https://www.cse.unr.edu/~fredh/papers/conf/074-iocotweapp/paper.pdf
5 Gil Press, "A Very Short History of Digitization," *Forbes*, December 27, 2015, https://www.forbes.com/sites/gilpress/2015/12/27/a-very-short-history-of-digitization/
6 Tristan Fitzpatrick, "A Brief History of the Internet," *Science Node*, February 9, 2017, https://sciencenode.org/feature/a-brief-history-of-the-internet-.php
7 Larry Carter, "Cisco's Virtual Close," *Harvard Business Review*, April 2001, https://hbr.org/2001/04/ciscos-virtual-close
8 Brian Solis, "Who Owns Digital Transformation? According to a New Sur-

vey, It's Not the CIO," *Forbes*, October 17, 2016, https://www.forbes.com/sites/briansolis/2016/10/17/who-owns-digital-transformation-according-to-a-new-survey-its-the-cmo/#55a7327667b5

9 Randy Bean, "Financial Services Disruption: Gradually and Then Suddenly," *Forbes*, October 11, 2017, https://www.forbes.com/sites/ciocentral/2017/10/11/financial-services-disruption-gradually-and-then-suddenly/2/#7f15b6e0392

10 Avery Hartmans, "How to Use Zelle, the Lightning-Fast Payments App That's More Popular Than Venmo in the US," *Business Insider*, June 17, 2018.

11 Galen Gruman, "Anatomy of Failure: Mobile Flops from RIM, Microsoft, and Nokia," Macworld, April 30, 2011, https://www.macworld.com/article/1159578/anatomy_of_failure_rim_microsoft_nokia.html

12 Rajeev Suri, "The Fourth Industrial Revolution Will Bring a Massive Productivity Boom," World Economic Forum, January 15, 2018, https://www.weforum.org/agenda/2018/01/fourth-industrial-revolution-massive-productivity-boom-good/

13 Erik Brynjolfsson and Andrew McAfee, *The Second Machine Age: Work, Progress, and Prosperity in a Time of Brilliant Technologies* (New York: W. W. Norton, 2014).

14 Michael Sheetz, "Technology Killing Off Corporate America: Average Life Span of Companies under 20 Years," CNBC, August 24, 2017, https://www.cnbc.com/2017/08/24/technology-killing-off-corporations-average-lifespan-of-company-under-20-years.html

15 BT, "Digital Transformation Top Priority for CEOs, Says New BT and EIU Research," Cision, September 12, 2017, https://www.prnewswire.com/news-releases/digital-transformation-top-priority-for-ceos-says-new-bt-and-eiu-research-300517891.html

16 "Strategic Update," Ford Motor Company, October 3, 2017, https://s22.q4cdn.com/857684434/files/doc_events/2017/10/ceo-strtegic-update-transcript.pdf

17 Karen Graham, "How Nike Is Taking the Next Step in Digital Transformation," *Digital Journal*, October 26, 2017, http://www.digitaljournal.com/tech-and-science/technology/how-nike-is-taking-the-next-step-in-digital-transformation/article/506051#ixzz5715z4xdC

18 Chris Cornillie, "Trump Embraces Obama's 'Venture Capital Firm' for Pentagon Tech," *Bloomberg Government*, February 21, 2018, https://about.bgov.com/blog/trump-embraces-obamas-venture-capital-firm-pentagon-tech/

19 "The Digital Transformation by ENGIE," ENGIE, n.d., https://www.engie.com/en/group/strategy/digital-transformation/

20 Ibid.

21 "Incumbents Strike Back: Insights from the Global C-Suite Study," IBM Institute for Business Value, February 2018, https://public.dhe.ibm.com/common/ssi/ecm/98/en/98013098usen/incumbents-strike-back_98013098USEN.pdf

22 Ibid.

23 "Letter to Shareholders," JPMorgan Chase, 2014, https://www.jpmorganchase.com/corporate/investor-relations/document/JPMC-AR2014-LetterToShareholders.pdf

24 Julie Bort, "Retiring Cisco CEO Delivers Dire Prediction: 40% of Companies Will Be Dead in 10 Years," *Business Insider*, June 8, 2015, http://www.businessinsider.com/chambers-40-of-companies-are-dying-2015-6

25 "Geoffrey Moore—Core and Context," Stanford Technology Ventures Program, April 6, 2005, https://www.youtube.com/watch?v=emQ2innvuPo

26 Curt Finch, "Interviewing Geoffrey Moore: Core versus Context," Inc., April 26, 2011, https://www.inc.com/tech-blog/interviewing-geoffrey-moore-core-versus-context.html

27 Geoffrey Moore, *Dealing with Darwin: How Great Companies Innovate at Every Phase of Their Evolution* (New York: Penguin, 2005).

28 "Digital Transformation Index II," Dell Technologies, August 2018, https://www.dellemc.com/resources/en-us/asset/briefs-handouts/solutions/dt_index_ii_executive_summary.pdf

29 Paul-Louis Caylar et al., "Digital in Industry: From Buzzword to Value Creation," McKinsey, August 2016, https://www.mckinsey.com/business-functions/digital-mckinsey/our-insights/digital-in-industry-from-buzzword-to-value-creation

30 James Manyika et al., "Digital America: A Tale of the Haves and Have-Mores," McKinsey Global Institute, December 2015, https://www.mckinsey.com/industries/high-tech/our-insights/digital-america-a-tale-of-the-haves-and-have-mores

31 "The Digital Transformation of Industry," Roland Berger Strategy Consultants, March 2015, https://www.rolandberger.com/en/Publications/The-digital-transformation-industry.html

32 Manyika et al., "Digital America."

33 "Digital Transformation Consulting Market Booms to $23 Billion," Consultancy, May 30, 2017, https://www.consultancy.uk/news/13489/digital-transformation-consulting-market-booms-to-23-billion

34 "2018 Revision to World Urbanization Prospects," United Nations, May 16, 2018, https://www.un.org/development/desa/publications/2018-revision-of-world-urbanization-prospects.html

35 Ramez Shehadi et al., "Digital Cities the Answer as Urbanisation Spreads," *National*, February 3, 2014, https://www.thenational.ae/business/digital-cities-the-answer-as-urbanisation-spreads-1.472672

36 "Factsheet," AI Singapore, 2018, https://www.aisingapore.org/media/factsheet/

37 "UAE National Innovation Strategy," United Arab Emirates Ministry of Cabinet Affairs, 2015.

38 Leslie Brokaw, "Six Lessons from Amsterdam's Smart City Initiative," *MIT Sloan Management Review*, May 25, 2016, https://sloanreview.mit.edu/article/six-lessons-from-amsterdams-smart-city-initiative/

39 "The 13th Five-Year Plan," US-China Economic and Security Review Commission, February 14, 2017, https://www.uscc.gov/sites/default/files/Research/The%2013th%20Five-Year%20Plan_Final_2.14.17_Updated%20%28002%29.pdf

40 "Digital Business Leadership," Columbia Business School Executive Education, n.d.,

https://www8.gsb.columbia.edu/execed/program-pages/details/2055/ERUDDBL

41 "Driving Digital Strategy," Harvard Business School Executive Education, n.d., https://www.exed.hbs.edu/programs/digs/Pages/curriculum.aspx

42 "MIT Initiative on the Digital Economy," MIT Sloan School of Management, n.d., http://ide.mit.edu

43 Gerald C. Kane, "'Digital Transformation' Is a Misnomer," *MIT Sloan Management Review*, August 7, 2017, https://sloanreview.mit.edu/article/digital-transformation-is-a-misnomer/

44 "Introducing the Digital Transformation Initiative," World Economic Forum, 2016, http://reports.weforum.org/digital-transformation/unlocking-digital-value-to-society-building-a-digital-future-to-serve-us-all/

45 "Societal Implications: Can Digital Create Value for Industry and Society?," World Economic Forum, June 2016, http://reports.weforum.org/digital-transformation/wp-content/blogs.dir/94/mp/files/pages/files/dti-societal-implications-slideshare.pdf

46 Anthony Stephan and Roger Nanney, "Digital Transformation: The Midmarket Catches Up," *Wall Street Journal*, January 19, 2018, http://deloitte.wsj.com/cmo/2018/01/19/digital-transformation-the-midmarket-catches-up/

47 Anja Steinbuch, "We Don't Measure Productivity Growth Correctly," T-systems, March 2016, https://www.t-systems.com/en/best-practice/03-2016/fokus/vordenker/erik-brynjolfsson-463692

48 David Rotman, "How Technology Is Destroying Jobs," *MIT Technology Review*, June 12, 2013, https://www.technologyreview.com/s/515926/how-technology-is-destroying-jobs/

49 "Digital Transformation of Industries: Societal Implications," World Economic Forum, January 2016, http://reports.weforum.org/digital-transformation/wp-content/blogs.dir/94/mp/files/pages/files/dti-societal-implications-white-paper.pdf

50 Derek Thompson, "Airbnb and the Unintended Consequences of 'Disruption,'" *The Atlantic*, February 17, 2018, https://www.theatlantic.com/business/archive/2018/02/airbnb-hotels-disruption/553556//

第三章

1 Jacques Bughin et al., "Notes from the AI Frontier: Modeling the Impact of AI on the World Economy," McKinsey Global Institute, September 2018, https://www.mckinsey.com/featured-insights/artificial-intelligence/notes-from-the-ai-frontier-modeling-the-impact-of-ai-on-the-world-economy; and James Manyika et al., "Unlocking the Potential of the Internet of Things," McKinsey, June 2015, https://www.mckinsey.com/business-functions/digital-mckinsey/our-insights/the-internet-of-things-the-value-of-digitizing-the-physical-world

2 Louis Columbus, "Roundup of Cloud Computing Forecasts, 2017," *Forbes*, April 29, 2017, https://www.forbes.com/sites/louiscolumbus/2017/04/29/roundup-of-cloud-

computing-forecasts-2017
3 Ibid.
4 Dave Cappuccio, "The Data Center Is Dead," Gartner, July 26, 2018, https://blogs.gartner.com/david_cappuccio/2018/07/26/the-data-center-is-dead/
5 "Cisco Global Cloud Index: Forecast and Methodology, 2016–2021," Cisco, November 19, 2018, https://www.cisco.com/c/dam/en/us/solutions/collateral/service-provider/global-cloud-index-gci/white-paper-c11-738085.pdf
6 Brandon Butler, "Deutsche Bank: Nearly a Third of Finance Workloads Could Hit Cloud in 3 Years," *Network World*, June 14, 2016, https://www.networkworld.com/article/3083421/microsoft-subnet/deutsche-bank-nearly-a-third-of-finance-workloads-could-hit-cloud-in-3-years.html
7 "Multicloud," Wikipedia, last updated February 18, 2019, https://en.wikipedia.org/wiki/Multicloud
8 Accuracy is reported as recall—i.e., what percentage of the historic engine failures were identified. Precision is the percentage of the time an engine failure actually occurred.
9 The training process is an optimization problem that often uses an algorithm called "stochastic gradient descent" to minimize the error between the output and the actual training data point.
10 Similar to machine learning, deep learning uses optimization algorithms such as stochastic gradient descent to set weights for each of the layers and nodes of the network. The objective is to minimize the difference between the network output and the actual training data point.

第四章

1 Michael Armbrust et al., "A View of Cloud Computing," *Communications of the ACM* 53, no. 4 (April 2010): 50–58.
2 IBM, *Data Processor* (White Plains, NY: IBM Data Processing Division, 1966).
3 John McCarthy, "Memorandum to P. M. Morse Proposing Time Sharing," Stanford University, January 1, 1959, https://web.stanford.edu/~learnest/jmc/timesharing-memo.pdf
4 Control Program-67 / Cambridge Monitor System (GH20-0857-1), IBM, October 1971.
5 "Connectix Virtual PC to Be Offered by Top Mac CPU Manufacturers," Free Library, August 5, 1997, https://www.thefreelibrary.com/Connectix+Virtual+PC+to+be+Offered+by+Top+Mac+CPU+Manufacturers%3B+Mac...-a019646924
6 VMware, "VMware Lets Systems Operate Side by Side," reproduced from *USA Today Online*, November 3, 1999, https://www.vmware.com/company/news/articles/usatoday_1.html
7 "About Us," Defense Advanced Research Projects Agency, n.d., https://www.darpa.mil/about-us/timeline/arpanet

8 Paul McDonald, "Introducing Google App Engine + Our New Blog," Google Developer Blog, April 7, 2008, https://googleappengine.blogspot.com/2008/04/introducing-google-app-engine-our-new.html

9 "Microsoft Cloud Services Vision Becomes Reality with Launch of Windows Azure Platform," Microsoft, November 17, 2009, https://news.microsoft.com/2009/11/17/microsoft-cloud-services-vision-becomes-reality-with-launch-of-windows-azure-platform/

10 "IBM Acquires SoftLayer: The Marriage of Private and Public Clouds," IBM, 2013, https://www.ibm.com/midmarket/us/en/article_cloud6_1310.html

11 Peter Mell and Tim Grance, *The NIST Definition of Cloud Computing* (Gaithersburg, MD: National Institute of Standards and Technology, 2011).

12 Mark Russinovich, "Inside Microsoft Azure Datacenter Hardware and Software Architecture," Microsoft Ignite, September 29, 2017, https://www.youtube.com/watch?v=Lv8fDiTNHjk

13 "Gartner Forecasts Worldwide Public Cloud Revenue to Grow 17.3 Percent in 2019," Gartner, September 12, 2018, https://www.gartner.com/en/newsroom/press-releases/2018-09-12-gartner-forecasts-worldwide-public-cloud-revenue-to-grow-17-percent-in-2019

14 "Cisco Global Cloud Index: Forecast and Methodology, 2016–2021," Cisco, November 19, 2018, https://www.cisco.com/c/dam/en/us/solutions/collateral/service-provider/global-cloud-index-gci/white-paper-c11-738085.pdf

15 *State of the Internet: Q1 2017 Report*, Akamai, 2017, https://www.akamai.com/fr/fr/multimedia/documents/state-of-the-internet/q1-2017-state-of-the-internet-connectivity-report.pdf

16 "Gartner Forecasts Worldwide Public Cloud Services Revenue to Reach $260 Billion in 2017," Gartner, October 12, 2017, https://www.gartner.com/en/newsroom/press-releases/2017-10-12-gartner-forecasts-worldwide-public-cloud-services-revenue-to-reach-260-billionin-2017; and "Public Cloud Revenue to Grow."

17 Armbrust et al., "View of Cloud Computing."

18 "British Airways IT Outage Caused by Contractor Who Switched off Power: Times," CNBC, June 2, 2017, https://www.cnbc.com/2017/06/02/british-airways-it-outage-caused-by-contractor-who-switched-off-power-times.html

19 "Amazon Compute Service Level Agreement," Amazon, last updated February 12, 2018, https://aws.amazon.com/ec2/sla/

第五章

1 Catherine Armitage, "Optimism Shines through Experts' View of the Future," *Sydney Morning Herald*, March 24, 2012, https://www.smh.com.au/national/optimism-shines-through-experts-view-of-the-future-20120323-1vpas.html

2 Gareth Mitchell, "How Much Data Is on the Internet?," *Science Focus*, n.d., https://www.sciencefocus.com/future-technology/how-much-data-is-on-the-internet/

3 "A History of the World in 100 Objects: Early Writing Tablet," BBC, 2014, http://www.bbc.co.uk/ahistoryoftheworld/objects/TnAQ0B8bQkSJzKZFWo6F-g

4 "Library of Ashurbanipal," British Museum, n.d., http://www.britishmuseum.org/research/research_projects/all_current_projects/ashurbanipal_library_phase_1.aspx

5 Mostafa El-Abbadi, "Library of Alexandria," *Encyclopaedia Britannica*, September 27, 2018, https://www.britannica.com/topic/Library-of-Alexandria

6 Mike Markowitz, "What Were They Worth? The Purchasing Power of Ancient Coins," *CoinWeek*, September 4, 2018, https://coinweek.com/education/worth-purchasing-power-ancient-coins/

7 Christopher F. McDonald, "Lost Generation: The Relay Computers," *Creatures of Thought* (blog), May 10, 2017, https://technicshistory.wordpress.com/2017/05/10/lost-generation-the-relay-computers/

8 "Delay Line Memory," Wikipedia, last updated December 20, 2018, https://en.wikipedia.org/wiki/Delay_line_memory#Mercury_delay_lines

9 "Timeline of Computer History: Memory & Storage," Computer History Museum, n.d., http://www.computerhistory.org/timeline/memory-storage/

10 "Timeline of Computer History: 1980s," Computer History Museum, n.d., http://www.computerhistory.org/timeline/1982/#169ebbe2ad45559efbc6eb357202f39

11 "The History of Computer Data Storage, in Pictures," Royal Blog, April 8, 2008, https://royal.pingdom.com/2008/04/08/the-history-of-computer-data-storage-in-pictures/

12 "Western Digital Breaks Boundaries with World's Highest-Capacity microSD Card," Western Digital, August 31, 2017, https://www.sandisk.com/about/media-center/press-releases/2017/western-digital-breaks-boundaries-with-worlds-highest-capacity-microsd-card

13 Gil Press, "A Very Short History of Big Data," *Forbes*, May 9, 2013, https://www.forbes.com/sites/gilpress/2013/05/09/a-very-short-history-of-big-data/

14 Doug Laney, "3D Data Management: Controlling Data Volume, Velocity, and Variety," META Group, February 6, 2001, http://blogs.gartner.com/doug-laney/files/2012/01/ad949-3D-Data-Management-Controlling-Data-Volume-Velocity-and-Variety.pdf

15 Seth Grimes, "Unstructured Data and the 80 Percent Rule," Breakthrough Analysis, August 1, 2008, http://breakthroughanalysis.com/2008/08/01/unstructured-data-and-the-80-percent-rule/

16 Steve Norton, "Hadoop Corporate Adoption Remains Low: Gartner," *Wall Street Journal*, May 13, 2015, https://blogs.wsj.com/cio/2015/05/13/hadoop-corporate-adoption-remains-low-gartner/

第六章

1 Bernard Marr, "The Amazing Ways Google Uses Deep Learning AI," *Forbes*, Au-

gust 8, 2017, https://www.forbes.com/sites/bernardmarr/2017/08/08/the-amazing-ways-how-google-uses-deep-learning-ai/#1d9aa5ad3204

2 Cade Metz, "AI Is Transforming Google Search. The Rest of the Web Is Next," *Wired*, February 4, 2016, https://www.wired.com/2016/02/ai-is-changing-the-technology-behind-google-searches/

3 Steven Levy, "Inside Amazon's Artificial Intelligence Flywheel," *Wired*, February 1, 2018, https://www.wired.com/story/amazon-artificial-intelligence-flywheel/

4 A. M. Turing, "Computing Machinery and Intelligence," *Mind* 59, no. 236 (October 1950): 433–60.

5 "Dartmouth Workshop," Wikipedia, last updated January 13, 2019, https://en.wikipedia.org/wiki/Dartmouth_workshop

6 John McCarthy et al., "A Proposal for the Dartmouth Summer Research Project on Artificial Intelligence," JMC History Dartmouth, August 31, 1955, http://www-formal.stanford.edu/jmc/history/dartmouth/dartmouth.html

7 James Pyfer, "Project MAC," *Encyclopaedia Britannica*, June 24, 2014, https://www.britannica.com/topic/Project-Mac

8 "Project Genie," Wikipedia, last updated February 16, 2019, https://en.wikipedia.org/wiki/Project_Genie

9 John Markoff, "Optimism as Artificial Intelligence Pioneers Reunite," *New York Times*, December 8, 2009, http://www.nytimes.com/2009/12/08/science/08sail.html

10 "USC Viterbi's Information Sciences Institute Turns 40," USC Viterbi, April 2012, https://viterbi.usc.edu/news/news/2012/usc-viterbi-s356337.htm

11 Will Knight, "Marvin Minsky Reflects on a Life in AI," *MIT Technology Review*, October 30, 2015, https://www.technologyreview.com/s/543031/marvin-minsky-reflects-on-a-life-in-ai/

12 Louis Anslow, "Robots Have Been about to Take All the Jobs for More Than 200 Years," Timeline, May 2016, https://timeline.com/robots-have-been-about-to-take-all-the-jobs-for-more-than-200-years-5c9c08a2f41d

13 "Workhorse of Modern Industry: The IBM 650," IBM Archives, n.d., https://www-03.ibm.com/ibm/history/exhibits/650/650_intro.html

14 "iPhone X: Technical Specifications," Apple Support, September 12, 2018, https://support.apple.com/kb/SP770/

15 "Apple iPhone X: Full Technical Specifications," GSM Arena, n.d., https://www.gsmarena.com/apple_iphone_x-8858.php

16 Marvin Minsky and Seymour Papert, *Perceptrons: An Introduction to Computational Geometry* (Cambridge: MIT Press, 1969)

17 Henry J. Kelley, "Gradient Theory of Optimal Flight Paths," *Ars Journal* 30, no. 10 (1960): 947–54.

18 Ian Goodfellow et al., *Deep Learning* (Cambridge: MIT Press, 2016), 196.

19 James Lighthill, "Artificial Intelligence: A General Survey," *Lighthill Report* (blog), survey published July 1972, http://www.chilton-computing.org.uk/inf/literature/

reports/lighthill_report/p001.htm

20 Pedro Domingos, *The Master Algorithm: How the Quest for the Ultimate Learning Machine Will Remake Our World* (New York: Basic Books, 2015).

21 Peter Jackson, *Introduction to Expert Systems* (Boston: Addison-Wesley, 1998).

22 Bob Violino, "Machine Learning Proves Its Worth to Business," *InfoWorld*, March 20, 2017, https://www.infoworld.com/article/3180998/application-development/machine-learning-proves-its-worth-to-business.html

23 R. C. Johnson, "Microsoft, Google Beat Humans at Image Recognition," *EE Times*, February 18, 2015, https://www.eetimes.com/document.asp?doc_id=1325712

24 Jacques Bughin et al., "Artificial Intelligence: The Next Digital Frontier," McKinsey Global Institute, June 2017.

25 Michael Porter and James Heppelmann, "How Smart Connected Products Are Transforming Competition," *Harvard Business Review*, November 2014; and Porter and Heppelmann, "How Smart Connected Products Are Transforming Companies," *Harvard Business Review*, October 2015.

26 J. Meister and K. Mulcahy, "How Companies Are Mastering Disruption in the Workplace," McGraw Hill Business Blog, October 2016, https://mcgrawhillprofessionalbusinessblog.com/2016/10/31/how-companies-are-mastering-disruption-in-the-workplace/

27 Maureen Dowd, "Elon Musk's Billion-Dollar Crusade to Stop the A.I. Apocalypse," *Vanity Fair*, March 2017, https://www.vanityfair.com/news/2017/03/elon-musk-billion-dollar-crusade-to-stop-ai-space-x

28 Dan Dovey, "Stephen Hawking's Six Wildest Predictions from 2017—from a Robot Apocalypse to the Demise of Earth," *Newsweek*, December 26, 2017, http://www.newsweek.com/stephen-hawking-end-year-predictions-2017-755952

29 Richard Socher, "Commentary: Fear of an AI Apocalypse Is Distracting Us from the Real Task at Hand," *Fortune*, January 22, 2018, http://fortune.com/2018/01/22/artificial-intelligence-apocalypse-fear/

30 "Gartner Says by 2020, Artificial Intelligence Will Create More Jobs Than It Eliminates," Gartner, December 13, 2017, https://www.gartner.com/en/newsroom/press-releases/2017-12-13-gartner-says-by-2020-artificial-intelligence-will-create-more-jobs-than-it-eliminates

31 "Artificial Intelligence Will Dominate Human Life in Future: PM Narendra Modi," *Economic Times*, May 10, 2017, https://economictimes.indiatimes.com/news/politics-and-nation/artificial-intelligence-will-dominate-human-life-in-future-pm-narendra-modi/articleshow/58606828.cms

32 Jillian Richardson, "Three Ways Artificial Intelligence Is Good for Society," *iQ by Intel*, May 11, 2017, https://iq.intel.com/artificial-intelligence-is-good-for-society/

33 Gal Almog, "Traditional Recruiting Isn't Enough: How AI Is Changing the Rules in the Human Capital Market," *Forbes*, February 9, 2018, https://www.forbes.com/sites/groupthink/2018/02/09/traditional-recruiting-isnt-enough-how-ai-is-changing-the-rules-in-the-human-capital-market

34 *2017 Annual Report*, AI Index, 2017, http://aiindex.org/2017-report.pdf
35 AI was a major theme at Davos in 2017, 2018, and 2019. See, for example, "Artificial Intelligence," World Economic Forum annual meeting, January 17, 2017, https://www.weforum.org/events/world-economic-forum-annual-meeting-2017/sessions/the-real-impact-of-artificial-intelligence; "AI and Its Impact on Society," *Business Insider*, January 25, 2018, http://www.businessinsider.com/wef-2018-davos-ai-impact-society-henry-blodget-microsoft-artificial-intelligence-2018-1; and "Artificial Intelligence and Robotics," World Economic Forum Archive, n.d., https://www.weforum.org/agenda/archive/artificial-intelligence-and-robotics/
36 Nicolaus Henke et al., "The Age of Analytics: Competing in a Data-Driven World," McKinsey Global Institute, December 2016.
37 "LinkedIn 2018 Emerging Jobs Report," LinkedIn, December 13, 2018, https://economicgraph.linkedin.com/research/linkedin-2018-emerging-jobs-report
38 Will Markow et al., "The Quant Crunch: How the Demand for Data Science Skills Is Disrupting the Job Market," IBM and Burning Glass Technologies, 2017, https://public.dhe.ibm.com/common/ssi/ecm/im/en/iml14576usen/analytics-analytics-platform-im-analyst-paper-or-report-iml14576usen-20171229.pdf
39 Catherine Shu, "Google Acquires Artificial Intelligence Startup DeepMind for More Than $500 Million," *TechCrunch*, January 26, 2014, https://techcrunch.com/2014/01/26/google-deepmind/
40 Richard Evans and Jim Gao, "DeepMind AI Reduces Google Data Centre Cooling Bill by 40%," DeepMind, July 20, 2016, https://deepmind.com/blog/deepmind-ai-reduces-google-data-centre-cooling-bill-40/
41 Tony Peng, "DeepMind AlphaFold Delivers 'Unprecedented Progress' on Protein Folding," *Synced Review*, December 3, 2018, https://syncedreview.com/2018/12/03/deepmind-alphafold-delivers-unprecedented-progress-on-protein-folding/
42 David Cyranoski, "China Enters the Battle for AI Talent," *Nature* 553 (January 15, 2018): 260–61, http://www.nature.com/articles/d41586-018-00604-6
43 Carolyn Jones, "'Big Data' Classes a Big Hit in California High Schools," *Los Angeles Daily News*, February 22, 2018, https://www.dailynews.com/2018/02/22/big-data-classes-a-big-hit-in-california-high-schools/
44 "Deep Learning Specialization," Coursera, n.d., https://www.coursera.org/specializations/deep-learning
45 "Insight Data Science Fellows Program," Insight, n.d., https://www.insightdatascience.com/
46 Dorian Pyle and Cristina San José, "An Executive's Guide to Machine Learning," *McKinsey Quarterly*, June 2015, https://www.mckinsey.com/industries/high-tech/our-insights/an-executives-guide-to-machine-learning
47 Philipp Gerbert et al., "Putting Artificial Intelligence to Work," Boston Consulting Group, September 28, 2017, https://www.bcg.com/publications/2017/technology-digital-strategy-putting-artificial-intelligence-work.aspx

第七章

1. Mik Lamming and Mike Flynn, "'Forget-Me-Not' Intimate Computing in Support of Human Memory," Rank Xerox Research Centre, 1994.
2. Kevin Ashton, "That 'Internet of Things' Thing," *RFID Journal*, June 22, 2009, http://www.rfidjournal.com/articles/view?4986
3. John Koetsier, "Smart Speaker Users Growing 48% Annually, to Hit 90M in USA This Year," *Forbes*, May 29, 2018, https://www.forbes.com/sites/johnkoetsier/2018/05/29/smart-speaker-users-growing-48-annually-will-outnumber-wearable-tech-users-this-year
4. Derived from C. Gellings et al., "Estimating the Costs and Benefits of the Smart Grid," EPRI, March 2011.
5. Joe McKendrick, "With Internet of Things and Big Data, 92% of Everything We Do Will Be in the Cloud," *Forbes*, November 13, 2016, https://www.forbes.com/sites/joemckendrick/2016/11/13/with-internet-of-things-and-big-data-92-of-everything-we-do-will-be-in-the-cloud
6. Jennifer Weeks, "U.S. Electrical Grid Undergoes Massive Transition to Connect to Renewables," *Scientific American*, April 28, 2010, https://www.scientificamerican.com/article/what-is-the-smart-grid/
7. James Manyika et al., "The Internet of Things: Mapping the Value beyond the Hype," McKinsey Global Institute, June 2015, http://bit.ly/2CDJnSL
8. "Metcalfe's Law," Wikipedia, last updated December 28, 2018, https://en.wikipedia.org/wiki/Metcalfe%27s_law
9. Alejandro Tauber, "This Dutch Farmer Is the Elon Musk of Potatoes," Next Web, February 16, 2018, https://thenextweb.com/full-stack/2018/02/16/this-dutch-farmer-is-the-elon-musk-of-potatoes/
10. James Manyika et al., "Unlocking the Potential of the Internet of Things," McKinsey, June 2015, https://www.mckinsey.com/business-functions/digital-mckinsey/our-insights/the-internet-of-things-the-value-of-digitizing-the-physical-world
11. Michael Porter and James Heppelmann, "How Smart Connected Products Are Transforming Competition," *Harvard Business Review*, November 2014; Michael E. Porter and James E. Heppelmann, "How Smart, Connected Products Are Transforming Companies," *Harvard Business Review*, October 2015.
12. "Number of Connected IoT Devices Will Surge to 125 Billion by 2030, IHS Markit Says," IHS Markit, October 24, 2017, http://news.ihsmarkit.com/press-release/number-connected-iot-devices-will-surge-125-billion-2030-ihs-markit-says
13. Manyika et al., "Mapping the Value."
14. "Automation and Anxiety," *The Economist*, June 25, 2016, https://www.economist.com/news/special-report/21700758-will-smarter-machines-cause-mass-unemployment-automation-and-anxiety
15. "Technology Could Help UBS Cut Workforce by 30 Percent: CEO in Magazine," Reuters, October 3, 2017, https://www.reuters.com/article/us-ubs-group-tech-

workers/technology-could-help-ubs-cut-workforce-by-30-percent-ceo-in-magazine-idUSKCN1C80RO

16 Abigail Hess, "Deutsche Bank CEO Suggests Robots Could Replace Half the Company's 97,000 Employees," CNBC, November 8, 2017, https://www.cnbc.com/2017/11/08/deutsche-bank-ceo-suggests-robots-could-replace-half-its-employees.html

17 Anita Balakrishnan, "Self-Driving Cars Could Cost America's Professional Drivers up to 25,000 Jobs a Month, Goldman Sachs Says," CNBC, May 22, 2017, https://www.cnbc.com/2017/05/22/goldman-sachs-analysis-of-autonomous-vehicle-job-loss.html

18 Louis Columbus, "LinkedIn's Fastest-Growing Jobs Today Are in Data Science and Machine Learning," *Forbes*, December 11, 2017, https://www.forbes.com/sites/louiscolumbus/2017/12/11/linkedins-fastest-growing-jobs-today-are-in-data-science-machine-learning

19 Louis Columbus, "IBM Predicts Demand for Data Scientists Will Soar 28% by 2020," *Forbes*, May 13, 2017, https://www.forbes.com/sites/louiscolumbus/2017/05/13/ibm-predicts-demand-for-data-scientists-will-soar-28-by-2020

20 Nicolas Hunke et al., "Winning in IoT: It's All about the Business Processes," Boston Consulting Group, January 5, 2017, https://www.bcg.com/en-us/publications/2017/hardware-software-energy-environment-winning-in-iot-all-about-winning-processes.aspx

21 Ibid.

22 Harald Bauer et al., "The Internet of Things: Sizing Up the Opportunity," McKinsey, December 2014, https://www.mckinsey.com/industries/semiconductors/our-insights/the-internet-of-things-sizing-up-the-opportunity

23 Tyler Clifford, "RBC's Mark Mahaney: Amazon Will Compete Directly with FedEx and UPS—'It's Just a Matter of Time,'" CNBC, November 8, 2018, https://www.cnbc.com/2018/11/08/amazon-will-soon-compete-directly-with-fedex-ups-rbcs-mark-mahaney.html

24 Porter and Heppelmann, "Smart, Connected Products."

25 Ibid.

第八章

1 Christopher Harress, "The Sad End of Blockbuster Video: The Onetime $5 Billion Company Is Being Liquidated as Competition from Online Giants Netflix and Hulu Prove All Too Much for the Iconic Brand," *International Business Times*, December 5, 2013, http://www.ibtimes.com/sad-end-blockbuster-video-onetime-5-billion-company-being-liquidated-competition-1496962

2 Greg Satell, "A Look Back at Why Blockbuster Really Failed and Why It Didn't Have To," *Forbes*, September 5, 2014, https://www.forbes.com/sites/

gregsatell/2014/09/05/a-look-back-at-why-blockbuster-really-failed-and-why-it-didnt-have-to/#6393286c1d64

3   Celena Chong, "Blockbuster's CEO Once Passed Up a Chance to Buy Netflix for Only $50 Million," *Business Insider*, July 17, 2015, http://www.businessinsider.com/blockbuster-ceo-passed-up-chance-to-buy-netflix-for-50-million-2015-7

4   Jeff Desjardins, "The Rise and Fall of Yahoo!," *Visual Capitalist*, July 29, 2016, http://www.visualcapitalist.com/chart-rise-fall-yahoo/

5   Ibid.

6   Ibid.

7   Associated Press, "Winston-Salem Borders Store to Remain Open despite Bankruptcy," *Winston-Salem Journal*, February 16, 2011, https://archive.is/20110219200836/http://www2.journalnow.com/business/2011/feb/16/3/winston-salem-borders-store-remain-open-despite-ba-ar-788688/

8   Ibid.

9   Ibid.

10 Ibid.

11 "Transformation d'Engie: Les grands chantiers d'Isabelle Kocher," *RSE Magazine*, January 4, 2018, https://www.rse-magazine.com/Transformation-d-ENGIE-les-grands-chantiers-d-Isabelle-Kocher_a2531.html#towZyrIe8xYVK106.99

12 "Isabelle Kocher: 'We Draw Our Inspiration from the Major Players in the Digital World,'" ENGIE, November 3, 2016, https://www.ENGIE.com/en/group/opinions/open-innovation-digital/usine-nouvelle-isabelle-kocher/

13 "Enel Earmarks €5.3bn for Digital Transformation," Smart Energy International, November 28, 2017, https://www.smart-energy.com/news/digital-technologies-enel-2018-2020/

14 Derek du Preez, "Caterpillar CEO—'We Have to Lead Digital. By the Summer Every Machine Will Be Connected,'" *Diginomica*, April 25, 2016, https://diginomica.com/2016/04/25/caterpillar-ceo-we-have-to-lead-digital-by-the-summer-every-machine-will-be-connected/

15 "A Q&A with 3M's New CEO Mike Roman," 3M Company, July 31, 2018, https://news.3m.com/qa-3m-new-ceo-mike-roman

第十章

1   Michael Sheetz, "Technology Killing Off Corporate America: Average Life Span of Companies under 20 Years," CNBC, August 24, 2017, https://www.cnbc.com/2017/08/24/technology-killing-off-corporations-average-lifespan-of-company-under-20-years.html

2   Thomas M. Siebel, "Why Digital Transformation Is Now on the CEO's Shoulders," *McKinsey Quarterly*, December 2017, https://www.mckinsey.com/business-functions/digital-mckinsey/our-insights/why-digital-transformation-is-now-on-

the-ceos-shoulders

3   Dan Marcec, "CEO Tenure Rates," Harvard Law School Forum on Corporate Governance and Financial Regulation, February 12, 2018, https://corpgov.law.harvard.edu/2018/02/12/ceo-tenure-rates/

4   Sheeraz Raza, "Private Equity Assets under Management Approach $2.5 Trillion," *Value Walk,* January 31, 2017, http://www.valuewalk.com/2017/01/private-equity-assets-management-approach-2-5-trillion/

5   Preeti Varathan, "In just Two Hours, Amazon Erased $30 Billion in Market Value for Healthcare's Biggest Companies," *Quartz*, January 30, 2018, https://qz.com/1192731/amazons-push-into-healthcare-just-cost-the-industry-30-billion-in-market-cap/

6   Alison DeNisco Rayome, "Why CEOs Must Partner with IT to Achieve True Digital Transformation," *TechRepublic*, February 21, 2018, https://www.techrepublic.com/article/why-ceos-must-partner-with-it-to-achieve-true-digital-transformation/

7   Claudio Feser, "How Technology Is Changing the Job of the CEO," *McKinsey Quarterly*, August 2017, https://www.mckinsey.com/global-themes/leadership/how-technology-is-changing-the-job-of-the-ceo

8   Rayome, "CEOs Must Partner with IT."

9   Khalid Kark et al., "Stepping Up: The CIO as Digital Leader," *Deloitte Insights*, October 20, 2017, https://www2.deloitte.com/insights/us/en/focus/cio-insider-business-insights/cio-leading-digital-change-transformation.html

10 Ivan Levingston, "Health Stocks Fall after Amazon, JPMorgan, Berkshire Announce Health-Care Deal," *Bloomberg*, January 30, 2018, https://www.bloomberg.com/news/articles/2018-01-30/health-stocks-slump-as-amazon-led-group-unveils-efficiency-plans; and Paul R. LaMonica, "Jeff Bezos and His Two Friends Just Spooked Health Care Stocks," CNN, January 30, 2018, http://money.cnn.com/2018/01/30/investing/health-care-stocks-jpmorgan-chase-amazon-berkshire-hathaway/index.html

11 Levingston, "Health Stocks Fall"; and LaMonica, "Jeff Bezos."

12 Antoine Gourévitch et al., "Data-Driven Transformation: Accelerate at Scale Now," Boston Consulting Group, May 23, 2017, https://www.bcg.com/publications/2017/digital-transformation-transformation-data-driven-transformation.aspx

13 Jacques Bughin, "Digital Success Requires a Digital Culture," McKinsey, May 3, 2017, https://www.mckinsey.com/business-functions/strategy-and-corporate-finance/our-insights/the-strategy-and-corporate-finance-blog/digital-success-requires-a-digital-culture

14 Forrester Consulting, "Realizing CEO-Led Digital Transformations," Thought Leadership paper commissioned by C3.ai, May 2018, https://c3iot.ai/wp-content/uploads/Realizing-CEO-Led-Digital-Transformations.pdf

15 Peter Dahlström et al., "From Disrupted to Disruptor: Reinventing Your Business by Transforming the Core," McKinsey, February 2017, https://www.mckinsey.com/business-functions/digital-mckinsey/our-insights/from-disrupted-to-disruptor-reinventing-your-business-by-transforming-the-core

16 Gerald C. Kane et al., "Aligning the Organization for Its Digital Future," *MIT Sloan Management Review*, July 26, 2016, https://sloanreview.mit.edu/article/one-weird-trick-to-digital-transformation/

17 Adi Gaskell, "The Tech Legend Who Pays Staff to Upskill," *Forbes*, August 17, 2018, https://www.forbes.com/sites/adigaskell/2018/08/17/the-tech-legend-that-pays-staff-to-upskill/

彼得·德鲁克全集

序号	书名	序号	书名
1	工业人的未来 The Future of Industrial Man	21 ☆	迈向经济新纪元 Toward the Next Economics and Other Essays
2	公司的概念 Concept of the Corporation	22 ☆	时代变局中的管理者 The Changing World of the Executive
3	新社会 The New Society: The Anatomy of Industrial Order	23	最后的完美世界 The Last of All Possible Worlds
4	管理的实践 The Practice of Management	24	行善的诱惑 The Temptation to Do Good
5	已经发生的未来 Landmarks of Tomorrow: A Report on the New "Post-Modern" World	25	创新与企业家精神 Innovation and Entrepreneurship
6	为成果而管理 Managing for Results	26	管理前沿 The Frontiers of Management
7	卓有成效的管理者 The Effective Executive	27	管理新现实 The New Realities
8 ☆	不连续的时代 The Age of Discontinuity	28	非营利组织的管理 Managing the Non-Profit Organization
9 ☆	面向未来的管理者 Preparing Tomorrow's Business Leaders Today	29	管理未来 Managing for the Future
10 ☆	技术与管理 Technology, Management and Society	30 ☆	生态愿景 The Ecological Vision
11 ☆	人与商业 Men, Ideas, and Politics	31 ☆	知识社会 Post-Capitalist Society
12	管理:使命、责任、实践(实践篇)	32	巨变时代的管理 Managing in a Time of Great Change
13	管理:使命、责任、实践(使命篇)	33	德鲁克看中国与日本:德鲁克对话"日本商业圣手"中内功 Drucker on Asia
14	管理:使命、责任、实践(责任篇) Management: Tasks, Responsibilities, Practices	34	德鲁克论管理 Peter Drucker on the Profession of Management
15	养老金革命 The Pension Fund Revolution	35	21世纪的管理挑战 Management Challenges for the 21st Century
16	人与绩效:德鲁克论管理精华 People and Performance	36	德鲁克管理思想精要 The Essential Drucker
17 ☆	认识管理 An Introductory View of Management	37	下一个社会的管理 Managing in the Next Society
18	德鲁克经典管理案例解析(纪念版) Management Cases(Revised Edition)	38	功能社会:德鲁克自选集 A Functioning Society
19	旁观者:管理大师德鲁克回忆录 Adventures of a Bystander	39 ☆	德鲁克演讲实录 The Drucker Lectures
20	动荡时代的管理 Managing in Turbulent Times	40	管理(原书修订版) Management (Revised Edition)
注:序号有标记的书是新增引进翻译出版的作品		41	卓有成效管理者的实践(纪念版) The Effective Executive in Action

管理人不可不读的经典
"华章经典·管理"丛书

书 名	作 者	作者身份
科学管理原理	弗雷德里克·泰勒 Frederick Winslow Taylor	科学管理之父
马斯洛论管理	亚伯拉罕·马斯洛 Abraham H.Maslow	人本主义心理学之父
决策是如何产生的	詹姆斯 G.马奇 James G. March	组织决策研究领域最有贡献的学者
战略管理	H.伊戈尔·安索夫 H. Igor Ansoff	战略管理奠基人
组织与管理	切斯特·巴纳德 Chester I.barnard	系统组织理论创始人
戴明的新经济观 (原书第2版)	W. 爱德华·戴明 W. Edwards Deming	质量管理之父
彼得原理	劳伦斯·彼得 Laurence J.Peter	现代层级组织学的奠基人
工业管理与一般管理	亨利·法约尔 Henri Fayol	现代经营管理之父
Z理论	威廉 大内 William G. Ouchi	Z理论创始人
转危为安	W.爱德华·戴明 William Edwards Deming	质量管理之父
管理行为	赫伯特 A. 西蒙 Herbert A.Simon	诺贝尔经济学奖得主
经理人员的职能	切斯特 I.巴纳德 Chester I.Barnard	系统组织理论创始人
组织	詹姆斯·马奇 James G. March	组织决策研究领域最有贡献的学者
论领导力	詹姆斯·马奇 James G. March	组织决策研究领域最有贡献的学者
福列特论管理	玛丽·帕克·福列特 Mary Parker Follett	管理理论之母

明茨伯格管理经典

Thinker 50终身成就奖获得者,当今世界杰出的管理思想家

写给管理者的睡前故事

图文并茂,一本书总览明茨伯格管理精要

管理者而非MBA

管理者的正确修炼之路,管理大师明茨伯格对MBA的反思
告诉你成为一个合格的管理者,该怎么修炼

拯救医疗

如何根治医疗服务体系的病,指出当今世界医疗领域流行的9大错误观点,提出改造医疗体系的指导性建议

战略历程(原书第2版)

管理大师明茨伯格经典著作全新再版,实践战略理论的综合性指南

管理进行时

继德鲁克之后最伟大的管理大师,明茨伯格历经30年对成名作《管理工作的本质》的重新思考

明茨伯格论管理

明茨伯格深入企业内部,观察其真实的运作状况,以犀利的笔锋挑战传统管理学说,全方位地展现了在组织的战略、结构、权力和政治等方面的智慧

管理至简

专为陷入繁忙境地的管理者提供的有效管理方法

管理和你想的不一样

管理大师明茨伯格剥去科学的外衣,挑战固有的管理观,为你揭示管理的真面目

战略过程:概念、情境与案例(原书第5版)

殿堂级管理大师、当今世界优秀的战略思想家明茨伯格战略理论代表作,历经4次修订全新出版

战略过程:概念、情境与案例(英文版·原书第5版)

明茨伯格提出的理论架构,是把战略过程看作制定与执行相互交织的过程,在这里,政治因素、组织文化、管理风格都对某个战略决策起到决定或限制的作用